Niño interior

-El poder encerrado en nosotros-

Alexander Rosacruz

Editorial Anuket

Contenido:

Introducción

El "niño interior" se refiere a la parte de nosotros que conserva las emociones y la perspectiva de la infancia. Es esa parte de nosotros que anhela ser amada, cuidada y protegida, y que puede sentirse vulnerable, asustada o enojada en situaciones que desencadenan recuerdos de experiencias dolorosas de la infancia.

A menudo, nuestra atención se centra en nuestras responsabilidades adultas y olvidamos atender a nuestro niño interior. Sin embargo, es importante reconocer la importancia de trabajar en él. En este libro te explicaré por qué:

Afecta nuestras relaciones interpersonales: El niño interior influye en cómo interactuamos con los demás. Si nuestro niño interior se siente inseguro, es posible que tengamos dificultades para establecer relaciones saludables y profundas. Por otro lado, si el niño interior se siente amado y seguro, seremos capaces de establecer nuestras relaciones más auténticas y significativas.

Puede afectar nuestra salud emocional: Si ignoramos las necesidades emocionales de nuestro niño interior, podemos desarrollar problemas emocionales y psicológicos como depresión, ansiedad y estrés postraumático. Al trabajar en nuestro niño interior, podemos liberarnos de las emociones reprimidas y sanar traumas emocionales.

Nos permite conectarnos con nuestra creatividad: El niño interior también se relaciona con nuestra creatividad y nuestra capacidad de jugar y explorar. Al conectarnos con nuestro niño interior, podemos acceder a esta fuente de creatividad e innovación, lo que puede ayudarnos en nuestro trabajo y en nuestra vida cotidiana.

Entonces, ¿cómo podemos trabajar en nuestro niño interior? Aquí hay algunos pasos que puedes tomar:

Aprende a escuchar tus emociones: Presta atención a las emociones que experimentas en situaciones particulares. ¿Hay alguna situación que te haga sentir especialmente vulnerable o asustado? Si es así, es posible que estés conectado con tu niño interior.

Sé amable contigo mismo: Trátate a ti mismo con amabilidad y afecto. Habla contigo mismo de manera amorosa y reconoce tus logros y fortalezas.

Haz cosas que te hagan feliz: Dedica tiempo a hacer cosas que disfrutas y que te hacen feliz. Esto puede incluir actividades que te gustaron en la infancia o simplemente tomar un tiempo para jugar y explorar.

Busca apoyo: Busca apoyo en amigos y familiares que te amen y te apoyen en tu proceso de sanación. También puedes considerar trabajar con un terapeuta o un consejero que tenga experiencia en trabajar con el niño interior.

Trabajar en nuestro niño interior puede parecer un proceso desafiante, pero es una parte importante de nuestro bienestar emocional y psicológico. Al conectarnos con nuestro niño interior y atender sus necesidades emocionales, podemos mejorar nuestras relaciones interpersonales, nuestra salud emocional y nuestra capacidad para la creatividad y la innovación.

Este libro pretende explorar el origen de nuestro ser, para que lo reconozcamos y valoremos; y a partir de allí convivir con él en armonía. Pero como no podemos volver a ser niños y debemos aceptar nuestra adultez con entereza, qué mejor que dotar a nuestro niño interior con las herramientas que lo harán sentir feliz.

Capítulo 1
Mentalidad positiva

El pensamiento positivo es una actitud que involucra a la mente con sus pensamientos, y a las palabras e imágenes que conducen al desarrollo, la expansión y el éxito. Es la misma combinación que de niños abrazamos para superar los fracasos y anhelar ser adultos; pero que, al llegar a esa etapa, muchos abandonan y se deprimen.

El pensamiento positivo es una actitud que espera grandes y favorables resultados. Es una mentalidad positiva que aspira a un desenlace feliz, alegre, saludable y exitoso en cada situación y acción. Lo que el cerebro anticipa, lo encuentra.

No todos lo practican o creen en el pensamiento positivo. Algunas personas lo consideran una tontería, mientras que otros se ríen de aquellos que lo aceptan. De éstos últimos, no muchos saben cómo usarlo de manera efectiva para lograr resultados. Sin embargo, parece que mucha gente está interesada en el tema, como lo demuestran los numerosos libros, conferencias y cursos sobre el tema. Este concepto es cada vez más popular.

Es común escuchar a la gente decirle a quien se siente deprimido o ansioso: "¡Piensa en positivo!". Y, la mayoría, de los destinatarios no se toman en serio esas palabras porque no saben lo que realmente significan o no creen que sean útiles y válidas para superar su mal momento. ¿Cuántas personas conoces que se han detenido a pensar en el poder del pensamiento positivo?

Poder de la mente

Piensa en ciertos eventos desagradables de tu vida y trata de recordar qué pensamientos tuviste a menudo en los días previos a ese evento. Trata de encontrar conexiones entre tus pensamientos y eventos. ¿Cuántas veces en tu vida ha pasado algo y dijiste: "Sabía que esto iba a ocurrir"?

Nuestros pensamientos determinan nuestro comportamiento, nuestras actitudes y, a su vez, nuestras acciones, nuestro espíritu y nuestra actitud hacia quienes nos rodean. Tal como son nuestros pensamientos, así es nuestra vida. Esto significa que es muy importante prestar atención a nuestros pensamientos, especialmente a los que nos repetimos a menudo.

Las ideas son como archivos de video que reproducimos en las computadoras de nuestro cerebro. Juzgamos por lo que ven nuestros ojos internos. Lo que imaginamos en nuestra mente son nuestros pensamientos. Los pensamientos que procesamos una y otra vez dan forma a nuestras vidas. Por lo tanto, para cambiar nuestro ser, necesitamos cambiar nuestro proceso de pensamiento.

Nuestra ideología debe cambiar. Es como quitar un archivo obsoleto y poner uno nuevo que nos guste más, más auténtico. Tarde o temprano, el nuevo perfil mental cambia nuestro comportamiento, acciones y actitudes, atrayendo a nuestra vida a personas, situaciones y eventos que coinciden con nuestros pensamientos actualizados.

Un solo pensamiento no es suficiente para causar un cambio, pero si se repite con frecuencia, eventualmente se afianzará. Una idea fuertemente arraigada reside en el subconsciente, desde donde afecta nuestra vida e incluso nuestro entorno. Lo mejor de este proceso es que no tenemos que esforzarnos demasiado para que suceda. Todo lo que tenemos que hacer es elegir la idea que queremos implementar y comenzar a repetirla internamente.

Digamos que eres tímido con los demás y quieres cambiar eso. Lo intentaste una y otra vez, copiando las actitudes de los demás, sintiéndote falso y poco original, y finalmente cosechando comentarios externos desagradables, que te confundieron y eventualmente te llevaron a un mayor aislamiento.

Lo mejor es imaginar que te sientes cómodo y fluido al comunicarte con los demás, de igual manera que lo hacías con tus amigos en la infancia. Es similar a soñar, un proceso natural simple y placentero. Es una actividad mental, muy simple y no requiere esfuerzo. Es un sueño práctico, una forma de usar el poder del pensamiento de manera creativa y consciente.

Es muy similar a soñar despierto, pero con algunos cambios. Imagínate hablando con fluidez, facilidad y confianza. Piensa en cómo salen las palabras de tu boca, cómo te gusta decirlas y cómo todos prestan mucha atención a cada palabra que dices.

Puedes crear en tu mente el aspecto perfecto de cualquier cosa que quieras lograr. Pon muchos detalles, color, sonido, olor y vida en esas imágenes mentales. Si repites esto a menudo con convicción y atención, tu mente subconsciente las aceptará como experiencias reales y hará los ajustes necesarios de la manera más natural para que tu realidad coincida con tu fantasía interna.

Puedes aprender hábitos y crear otros nuevos, desarrollar nuevas habilidades y fortalezas, e incluso cambiar tu situación y lograr lo que realmente deseas. El poder del pensamiento puede ayudarte a desarrollar un nuevo campo de trabajo, cambiar relaciones, obtener ingresos adicionales o mejorar tu vida.

Nada de esto sucederá de la noche a la mañana. Tomará tiempo, dependiendo de qué tan serio seas y cuánto tiempo y energía le dediques a tu nueva forma de pensar. Esto es puramente psicológico, pero no significa que permanezcas pasivo y esperes a que suceda algo. Debes tener la mente abierta y estar dispuesto a dar los pasos necesarios.

Decide qué quieres conseguir y empieza a pensar en ello con frecuencia a lo largo del día o en diferentes momentos. Estos pensamientos repetitivos se fortalecen con el tiempo y provocan cambios internos y externos. La capacidad de pensar es poder real. Debes haberlo usado muchas veces sin darte cuenta. Cuando sabes cómo funciona y cómo lo aplicas conscientemente, obtienes el poder de cambiar, mejorar y dominar tu vida. Aprende a usar el poder del pensamiento y la visualización para lograr el éxito.

Palabra clave: éxito

Di la palabra "éxito" en voz alta varias veces y observa cómo te sientes. Dependiendo de tu estructura mental y emocional y de tu estado de ánimo actual, hay dos opciones: Puedes sentirte inspirado, animado y feliz, o desconsolado, herido y miserable. En el último caso, definitivamente comienzas a decirte lo miserable que eres, porque la suerte no te pertenece.

Puede parecer inusual, pero la idea de éxito provoca emociones negativas. Las personas que pasan la mayor parte de su vida conviviendo con pensamientos y sentimientos negativos esperan el fracaso y no se sienten merecedores del progreso. Si han experimentado carencias y dificultades, creen que el éxito no les pertenece. En estos casos, todo lo relacionado con la fortuna provoca emociones negativas.

La forma en que percibimos

Tus pensamientos y creencias pueden atraer o repeler el éxito. Regulan tus emociones y percepciones de victoria o derrota. Las ideas a menudo van y vienen, cambiando de enfoque como el viento. Dan forma a tu cabeza en la misma dirección que el viento sopla la bandera.

En un momento la bandera ondea en una dirección, y en otro, hacia una dirección opuesta. En un momento puedes pensar de esta manera, al siguiente día puedes pensar de otra forma. Cuando tus pensamientos, sentimientos y temperamento son estables y están bajo tu control, también lo es tu vida; no se deja influir por influencias externas o temperamentos temporales. Para controlar tus pensamientos, emociones y temperamento y navegar correctamente por tu vida, necesitas lograr el enfoque y el autocontrol. El enfoque y el autocontrol son como el timón de tu vida. Puedes usarlos para dirigir el barco de tu ser hacia el éxito y el logro. Tus creencias dominantes y habituales determinan si tendrás éxito y si estarás satisfecho con lograrlo.

Esto significa que necesitas ser más consciente de tus propias perspectivas y creencias. Es importante aprender a ser más positivos, menos críticos y menos ansiosos. Luego, después de lograr el éxito, puedes disfrutar la alegría del logro.

Las actitudes, mentalidades y hábitos se pueden cambiar. El cambio no ocurre de la noche a la mañana. Se requiere un poco de trabajo interior. Recuerda siempre que las opiniones y creencias positivas (internas y externas) te harán más feliz y más receptivo al éxito; como ocurría cuando tus padres te felicitaban. Recuerda también que con una actitud positiva viene la capacidad de disfrutar el éxito cuando llega.

Tómalo como un desafío para poner tus creencias y opiniones en la parte superior de tu lista de prioridades y asegúrate de prestarles atención adicional. Determina cuáles son tus puntos de vista en determinados temas, y qué tipo de sentimientos generalmente experimentas con ellos.

Si son pensamientos positivos y sentimientos de éxito, está bien, pero si tus pensamientos y creencias están asociados con el fracaso, la tristeza y la insatisfacción, entonces debes hacer algo para cambiarlos. Recuerda que existe un trastorno clínico llamado "hipocondría" asociado a personas que tienen una visión pesimista de la vida, y consideran, sin pruebas clínicas, que tienen alguna enfermedad. Evita llegar a este punto.

¿Cómo puede una persona tener esperanza de éxito? Cada uno de nosotros tiene un deseo de crecer. Es una necesidad cósmica de expresión y expansión. Se manifiesta en cada imagen de la vida. Es esta fuerza la que ha sacado a la humanidad de la cueva en el siglo XXI, triplicando la esperanza de vida, y a los niños a soportar su dependencia paterna y aspirar a ser adulto y autónomo.

Esa fuerza cósmica está en todas partes, incluso en una brizna de hierba cuya esperanza es llegar a ser madura y fuerte, creciendo incluso en los peores lugares, como grietas en el cemento. La necesidad de tener éxito es un deseo interno natural de desarrollarse, expandirse y expresarse.

El éxito es el reconocimiento y la realización de un proyecto, esperanza o intención. Estas son las consecuencias positivas de tus acciones. Puede conducir a un dinero extra, un trabajo más estable, una mejor relación, la adquisición de un objeto de deseo, el descubrimiento de una pareja ideal, una reputación gratificante o la realización de cualquier sueño.

El éxito no se limita a los objetos materiales. También están los éxitos mentales y espirituales, como sacar buenas notas o progresar en la autodisciplina o el crecimiento espiritual. La gente a menudo cree que el éxito les traerá la realización y el cumplimiento que desean. A veces lo hace, a veces no. El contentamiento y la felicidad dependen más de las actitudes internas que de las circunstancias externas.

No es suficiente buscar la suerte en el exterior, como los ingresos y las posesiones. El éxito interior también es importante, es decir, la superación personal, el crecimiento espiritual y la paz interior. Sin ellos, uno puede tener éxito en otras cosas y aun así experimentar deficiencias. Aprende a usar el poder del pensamiento y la visualización para lograr el éxito.

Maneras de promover el pensamiento positivo

Mucha gente ha oído hablar de los beneficios del pensamiento positivo. Pero, ¿qué significa eso exactamente? ¿Y cómo deshacerse por completo de los pensamientos negativos? Muy pocas personas realmente entienden esto.

El pensamiento positivo es bueno no solo para la psique y el intelecto de una persona, sino también para la salud. ¿Cuáles son los beneficios reales del pensamiento positivo?

- Mayor resistencia al estrés
- Menor riesgo de depresión

• Ser capaz de reaccionar rápidamente ante situaciones adversas
• Vida útil extendida
• Ganar más confianza en uno mismo, aumentar la fuerza de voluntad y la motivación
• Poder concentrarse mejor en las tareas y lograr los objetivos.

¡Pero hay una condición importante! Es necesario deshacerse de todos los pensamientos negativos y no solo verse feliz o esconderse detrás de pequeños signos de éxito. Después de todo, cuando la negatividad burbujea dentro de ti y tratas de reprimirla con una sonrisa gélida, solo pueden surgir consecuencias desastrosas, como enfermedades psicosomáticas. Por lo tanto, es importante comprender los estados internos, pensamientos y sentimientos. Cuando hay armonía, paz y equilibrio en el interior, la felicidad y el positivismo irradian desde el exterior.

Ejercicios para entrenar el pensamiento positivo:

• **Felicítate por todo, incluso por el más pequeño logro o fracaso**. Es fácil felicitarse a sí mismo por las grandes ganancias, pero no es tan fácil atribuirse los pequeños logros o encontrar lo bueno en las pérdidas. Es importante aprender a analizar adecuadamente cualquier situación para convertirla en experiencia y sabiduría. Oblígate a encontrar 5 cosas por las que elogiarte todos los días. Lo mejor es anotarlas y llevar un diario de ello.

• **Describe tu día ideal.** Este es un ejercicio efectivo para entender lo que realmente quieres y lo que a menudo evitas. Imagina tu día ideal, piensa en tus prioridades y trabaja para lograrlo en un futuro cercano. Luego analiza el día y si algo no funcionó, reescribe todos los momentos para revivirlo. Luego piensa en los sentimientos y emociones que experimentaste. Entrénate para vivir tu día ideal tanto como puedas, y después de un tiempo verás cambios de calidad en ti mismo.

• **Controla tus pensamientos y sentimientos**. Las emociones y los pensamientos negativos absorben toda nuestra vitalidad. Pero los mismos pensamientos nacen en nuestra cabeza para que aprendamos a lidiar con ellos. Una persona puede dirigir y controlar sus pensamientos en cualquier etapa de la vida, pero requiere práctica. Por cierto, no es tan difícil como parece.

• **Escribe 5 cosas positivas**. Esta es una técnica bien conocida y realmente funciona. Tienes que encontrar 5 aspectos positivos en cada situación, lo mejor y lo peor. Te sorprenderá cuánto puedes encontrar momentos positivos y verdaderos para ti, incluso en las situaciones más desesperadas. También verás situaciones desde el otro lado y descubrirás soluciones y oportunidades no convencionales. Por ejemplo, si tu pareja te dejara, definitivamente sufrirías depresión emocional, pero 1) él o ella tomó la decisión más difícil 2) podría ahorrarte años de dolor 3) podría permitirte vivir una vida sincera 4) podrás reencontrarte con la persona que realmente quieres 5) Podrás encontrar el amor verdadero.

• **Hacer las paces con el pasado.** Los pensamientos negativos a menudo surgen de eventos desagradables de vidas pasadas. Una persona regresa mentalmente constantemente a ese momento, se enoja y estropea el estado de ánimo, le quita fuerza y energía. Trata de dejar atrás el pasado, perdona viejos reproches, comienza a vivir el presente, cambia y no te conviertas en rehén de los fracasos del pasado.

La capacidad magnética de la mente

La fuerza de la mente atrae una variedad de eventos, condiciones y personas a nuestras vidas y hace retroceder a los demás. En ese aspecto, es exactamente como un imán. Echa un vistazo a las personas que te rodean.

Todos experimentan diferentes experiencias y obstáculos en su vida. Algunas personas logran ciertas metas fácilmente, mientras que otras pueden tener dificultades o no lograrlas en absoluto.

Tu mente generalmente se compone de los pensamientos que crea. El poder de estos pensamientos atrae pensamientos similares. Por ejemplo, si tienes una actitud positiva hacia un evento importante que está por suceder en tu vida, terminará de la manera que deseas. Si te aferras a malos pensamientos, atraes negatividad a tu entorno, lo que significa que atraes a tu vida aquello en lo que piensas a menudo. Esto no quiere decir que toda idea se convierta en realidad, pero hay una tendencia. Notarás que cuando el pensamiento se fija en tu mente, extrañamente verás ese objeto o situación con más frecuencia de lo habitual en la publicidad, en la calle, en el trabajo, etc., pero que solamente tú lo notas. La mente prioriza esta situación y la selecciona sobre otras cosas que observas todos los días.

La mayoría de los pensamientos son débiles y no se repiten el tiempo suficiente para ganar suficiente poder. Un pensamiento débil, como un imán débil, tiene poca atracción.

Arrastrar

Los imanes más grandes y fuertes atraen objetos más grandes que los imanes más pequeños y débiles. Los imanes también tienen una propiedad peculiar: Un lado del imán atrae y el otro repele.

La atracción es una fuerza neutra. Un imán atraerá cualquier cosa hecha de hierro, ya sea un artículo útil o basura. La mente funciona de la misma manera. Dependiendo de tus pensamientos, atraes situaciones y eventos tanto positivos como negativos a tu vida.

Como un imán, la mente no sólo atrae, sino que también repele. Si no crees que puedes tener o lograr algo, lo rechazas. Los pensamientos de insuficiencia, debilidad, miedo e inferioridad crean repulsión. Es como si crearas un viento que sopla y te impide lograr algo.

Existen numerosos métodos para cargar tu mente y sus puntos de vista con poder magnético. El deseo firme, la concentración y la confianza son algunos de los ingredientes importantes para infundir poder en los pensamientos. Varios activan la capacidad magnética de su cerebro inconscientemente, sin reconocer lo que están haciendo. Cuando se conocen las reglas, se es capaz de activar la capacidad magnética del cerebro de forma consciente, positiva y eficaz.

Visualizar y pensar con concentración, esperanza y confianza, y replicar estas ideas con frecuencia, libera una gran energía. Tus ideas se irradian y se difunden, moldeando los cerebros de los demás y atrayendo hacia ti a personas que piensan en líneas similares a las tuyas, y que pueden ayudarte con tus planes. Este método también aumenta tu conciencia y percepción de cualquier oportunidad relacionada con tus puntos de vista que vengan en tu dirección, y te llenan con el poder interno y la iniciativa para aplicarlo.

Es posible que la mayoría de las personas no haya escuchado o leído acerca de la visualización creativa. Puede haber muchos que hayan intentado esto sin éxito. La idea es que, al concentrarte en una imagen de un objeto o situación deseada, puedes atraerla a tu vida. En este proceso, puedes modificar y dar forma a tu realidad, comportamiento o estado. Significa la capacidad de utilizar el pensamiento. Pero un pensamiento por sí solo no es suficiente para la visualización creativa. Se necesitan algunos otros ingredientes para crear una idea y darle vida.

Estos ingredientes son tus sentimientos y emociones. ¿Qué te prepara para actuar, un pensamiento frío y aburrido o uno lleno de emoción? Mientras escuchas una conferencia, ¿qué conferenciante mantiene su enfoque, alguien que habla de manera aburrida y desanimada, o el que habla con entusiasmo y emoción?

¿Vas entendiendo?

Cuando te encuentras con un extraño por primera vez, ¿qué persona te deja una impresión más firme, un sujeto sombrío y aburrido o uno lleno de vitalidad y entusiasmo? Personas, acciones e ideas llenas de emoción producen un impacto más firme. Las ideas que están llenas de vitalidad emocional son las que te seducen en mayor medida y te empujan a la acción. Los sentimientos y las emociones estimulan tus ideas y las llenan de poder.

Las emociones y los sentimientos impulsan las ideas, como la electricidad impulsa las herramientas eléctricas. Sin electricidad, la herramienta no funcionará. Para que una idea funcione y se realice, se necesita algo que le dé vida y vitalidad. Los sentimientos y las emociones son esas cosas. Si tus deseos son fuertes, puedes generar suficiente vitalidad emocional. Sin embargo, a veces la fuerza emocional que muestras no es suficiente. De vez en cuando necesitas o quieres algo, pero no puedes crear la fuerza necesaria. En tales situaciones, necesitas mejorar tu energía emocional.

Cuando se necesita este poder, es posible crear energía emocional. Es como enchufar un televisor o una radio y dejar que fluya la electricidad. Esto puede lograrse cultivando sentimientos positivos de éxito y satisfacción y refinándolos con tus deseos. Todo el mundo tiene algo de éxito, al menos parte del tiempo.

Piensa en todos los éxitos que has tenido en el pasado. Incluso las pequeñas manifestaciones de éxito son importantes. Revive eventos como obtener una calificación alta, recibir un cumplido de alguien cuyo juicio respetas, conseguir un trabajo permanente, obtener un ascenso o tener éxito en tu negocio.

Puedes elegir cualquier evento del pasado. Reproduce escenarios exitosos en tu mente. Visualízalo lo más claramente posible para traer de vuelta los sentimientos positivos y alegres que experimentaste en ese momento. Cuando surgen estos sentimientos, es hora de considerar tus objetivos actuales. Vive y experimenta esos sentimientos y emociones del pasado y sostenlos con metas actuales. Esta actividad activará tus pensamientos y los fortalecerá. Cuando tus pensamientos están cargados de poder emocional, se canalizan hacia tu entorno.

Incluso son percibidos por otras personas y, por lo tanto, te ayudarán a lograr tus objetivos. Los pensamientos provocan sentimientos y los sentimientos provocan pensamientos. Nuestros pensamientos dan forma a nuestros sentimientos, y nuestros sentimientos dan forma a nuestros pensamientos.

Siempre hay una interacción entre pensamientos y sentimientos. Descubrir cómo usar el poder combinado del pensamiento y la emoción puede ayudarte a lograr tus metas.

Un corazón inquieto y paz interior

Muchas de las acciones de nuestro cuerpo son similares a las de una máquina. Toma la respiración, por ejemplo. Respiramos constantemente, pero prestamos poca atención a esta rutina. La sangre fluye mecánicamente por las venas, pero apenas percibimos su movimiento. Lo mismo es cierto para muchas otras funciones corporales. Pensar también es muy parecido al movimiento continuo de una máquina. Los pensamientos van y vienen continuamente desde el amanecer hasta el atardecer. Nunca descansan ni un minuto. Muchos de estos pensamientos no son necesariamente invitaciones; simplemente aparecen, captan tu atención por un momento y luego desaparecen. Nuestra conciencia interior es equivalente al cielo y nuestros pensamientos son similares a las nubes. Las nubes flotan en el cielo, cabalgan un rato y luego se desvanecen. No son eternas. También lo son los pensamientos. Debido a su constante movimiento, ocultan nuestra conciencia interior, luego se van para dar cabida a diferentes pensamientos.

Los pensamientos se asemejan a las olas del mar, que están constantemente en movimiento, nunca inmóviles. La mente, que atrae y crea pensamientos, descubre que es difícil permanecer inmóvil. Piensa constantemente en todo lo que visualiza. Le gusta comparar, examinar, razonar y hacer preguntas. Nunca descansa, ni siquiera momentáneamente.

Toda mente humana acepta automáticamente ciertas ideas e impone y rechaza otras. Esta es la razón por la cual la mente de muchas personas está llena de un tema en particular, mientras que otras ni siquiera piensan en el mismo tema. Todos parecen contener diferentes filtros mentales.

¿Por qué a muchas personas les gusta el fútbol y a otras no? ¿Cómo es que muchos aprecian a cierto cantante, pero otros no? ¿Cómo es que tantas personas han pensado en un tema y otras nunca lo han tomado en cuenta? Todo se debe a este filtro interno.

Es un filtro inconsciente, parecido a una máquina. ¿Alienta conscientemente ciertos pensamientos y ordena otros? Por lo general, es un movimiento similar a una máquina. Este filtro se formó a partir de las influencias a las que hemos estado expuestos desde la infancia. Cada evento, palabra o sugerencia que ocurre afecta el desarrollo de la mente. La mente es como una fábrica de ideas que trabaja en turnos día y noche creando ideas.

Todos piensan y desarrollan la reflexión. Como si viviéramos en un mar de pensamientos. Constantemente elegimos uno, dejamos que actúe en nuestras mentes y luego elegimos otro. Es como sacar un pez del mar, tirarlo de nuevo al agua y pescar otro.

Una mente inquieta atrae una atención constante. Al mismo tiempo, la atención se dirigirá a este pensamiento y luego a otro. Se desperdicia mucha energía y tiempo en acciones triviales y pensamientos a corto plazo, a menudo negativos. Se llama cautiverio. ¿Por qué necesitamos una mente para regular los pensamientos? ¿Por qué no disfrutar del descanso interior y elegir solo buenas y valiosas ideas? ¿Por qué dejar que tu mente piense en ti como un jefe sin corazón que sigue dándote trabajo? Los grados de libertad aquí son cero.

Cuando puedes elegir lo que piensas, eso es libertad. Es libertad cuando puedes elegir qué ideas aceptar y cuáles rechazar. Detener el flujo de pensamientos puede parecer una hazaña imposible, pero el acondicionamiento mental, los ejercicios de concentración y la meditación te llevarán paso a paso hacia ese poder. La mente es como un animal salvaje. Con la disciplina adecuada, puede criarse en autocontrol y respeto por un poder superior. Este entrenamiento conduce a la paz y al control mental.

¿Quieres disfrutar de la paz? ¿Quieres mantener la calma y la relajación en situaciones difíciles y dolorosas? No es tan difícil como parece. He conocido personas que dicen que quieren tranquilidad, pero ¿cómo pueden conseguirla si no hacen nada? En una realidad estresante, contenciosa y desafiante, la paz interior es una necesidad básica. Una persona que está en paz puede permanecer relajada y no ser perturbada o afectada por problemas externos. Esta paz no tiene nada que ver con la apatía o la pereza. En realidad, puedes ser tranquilo, pero dinámico, agresivo e ingenioso. La meditación, los ejercicios de concentración y de respiración, la imaginación guiada y las afirmaciones son algunos de los métodos que conducen a la tranquilidad.

Cada una de estas técnicas calmará tu mente paso a paso, pero deben practicarse diariamente para obtener resultados. A medida que progreses en el método elegido, tu nivel de paz interior aumentará.

En última instancia, la paz interior debe notarse y experimentarse continuamente, no solo a través de la meditación o algún otro método de crecimiento personal. No importa dónde estés, disfrutarás de tranquilidad. También encontrarás que ganas felicidad y fuerza interior, voluntad y autodisciplina, mejor juicio y habilidades mentales mejoradas. Cuando tu mente está en paz, inconscientemente irradias paz a quienes te rodean. Una mente en calma tiene un efecto calmante en los demás y crea un aura de paz a tu alrededor, lo que afecta el aura que te rodea. Calmar la mente, especialmente a través de la meditación y el enfoque, finalmente conduce a una paz objetiva y duradera y a la capacidad de controlar la mente.

Con este condicionamiento, la mente deja de molestar y la capacidad de controlar la mente se fortalece. Cuando tu mente se convierte en tu sirviente, obtienes el poder de encenderla o apagarla a voluntad. Luego puedes usar el interruptor cuando lo necesites y apagarlo cuando no tengas que pensar en ello. Puedes decir que no tienes tiempo para la paz interior, pero la verdad es que siempre puedes encontrar tiempo si realmente lo deseas.

Puedes sentir que la paz solo se puede establecer en situaciones y lugares específicos. Esto no es exacto.

Las circunstancias no deben detener su proceso. Ya sea que vivas en un ashram o en una ciudad ruidosa, si tu deseo de paz es lo suficientemente fuerte, puedes lograrlo. La tranquilidad puede ser tuya si tratas de relajarte y calmar tu mente. Si has pensado que algo es inalcanzable y está reservado para cierta persona, cambia tu creencia porque la alejará de ti. Si dejas esta empresa mañana, mañana será para siempre. Prueba esto:

1) Siéntate cómodamente.
2) Piensa en cada parte de tu cuerpo de la cabeza a los pies y relaja cada músculo que tu mente esté probando.
3) Toma algunas respiraciones profundas.
4) Ahora piensa en algo que te motive o te haga feliz.
5) Disfruta de la felicidad y la paz que experimentas. Concéntrate en las sensaciones placenteras asociadas y deja todo lo demás en blanco por el momento. Repite este proceso cada vez que te sientas estresado y ansioso.

Este es sólo el primer paso. La calma se logra a través de una variedad de técnicas, especialmente a través de la práctica regular de atención plena y meditación.

Cómo percibimos los pensamientos y los recuerdos

Es posible que nunca pensemos en ello o seamos conscientes de ello, pero tenemos control total sobre cómo recordamos o imaginamos.

Lo que quiero decir con esto es que cuando recordamos o pensamos en algo, tenemos la capacidad de influir en todos los parámetros de la "imagen" mental. Pongo las imágenes entre comillas porque un recuerdo o una idea pueden tomar diferentes formas.

Dependiendo de la calidad de estas formas, la intensidad de nuestra experiencia de recuerdos (o imágenes) mentales, físicos y emocionales puede cambiar radicalmente. Esta intensidad física, emocional y mental tendrá un gran impacto en tu vida diaria... una vez que aprendas algunas habilidades.

Enfocar la mente

Así que comencemos el camino para volver al comando de nuestra mente. Todos partimos de un punto diferente, por lo que no espero que todos obtengamos el mismo resultado de inmediato. Pero empezamos a ver qué parámetros podemos influir cuando recordamos un hecho del pasado o una imagen inventada. Los dividiremos por "sentidos":

- **Visual**

Cuando imaginamos o recordamos, lo más probable es que se forme una imagen en nuestra mente. Esta imagen tendrá parámetros con los que podemos interferir más o menos. Veamos cuales:
- Brillo de la imagen
- Color
- Definición
- Desde adentro o afuera
- Imagen enmarcada o de campo completo
- Distancia del observador
- En comparación
- Estático o en movimiento
- Calidad de movimiento y velocidad de fotogramas
- Tiempo y velocidad del juego

- **Auditivo**

En cuanto a los parámetros auditivos, son menores, pero igual de potentes, superando en ocasiones incluso a los visuales. Echemos un vistazo rápido a lo que podemos influir con la capacitación adecuada y la atención disciplinada.

- Volumen
- Dispersión espacial del sonido
- Ecualización (graves, medios y agudos)
- Cantidad de sonidos presentes en la escena.
- Centrarse en ciertos sonidos en lugar de otros
- Voz y tono expresivo

- **Táctil**

Son difíciles de recordar, pero hacerlo cambia drásticamente la experiencia imaginativa.

- Textura de piso, pared u objeto.
- Aire y temperatura del aire en la piel.
- La calidad y cantidad de viento en una escena.
- Localización espacial del aire y lo que 'tocamos' en imágenes

- **Sentido del olfato**

Al estudiar por qué los olores son tan importantes para la memoria (quizás relacionados con la anatomía del cerebro), también podemos usarlos para mejorar o inhibir la memoria y la imaginación. Así que tratemos de entrenarnos para recordar:

Perfumes

La intensidad de esos aromas y olores

- **Gusto**

- Intensidad y amplitud de sabor

Son realmente difíciles de "crear", pero se pueden hacer con un poco de práctica.

Entonces, ¿cómo lidiamos con estos parámetros? Lo usamos para aprender a dominar la percepción. Para practicar esta nueva habilidad, necesitamos... practicar. Así que empecemos con el primero. Primero, usamos un evento neutral con un ligero trasfondo emocional.

Elijamos lo que nos pasó hoy y recordémoslo. Un evento neutro, ni positivo ni negativo: desayunar, encontrarse con un conocido, esperar al médico... Cualquier cosa que no nos haga sentir bien o mal.

Ahora busquemos un lugar donde podamos estar solos durante 5 minutos y cerremos los ojos. Mantenemos presente este evento, observamos por unos minutos y en silencio nos hacemos preguntas como:

¿Estoy viendo una foto o una película? ¿Es en color o en blanco y negro? ¿La imagen es clara u oscura? ¿Está enfocado o desenfocado? ¿Estoy mirando de cerca o de lejos? ¿Está enmarcado en la pantalla o "pantalla completa"? ¿Estoy dentro o fuera de la imagen? Después de un cuidadoso análisis de la parte visual, pasemos a otros parámetros. ¿Esta imagen tiene sonido? ¿De quién o de las voces? ¿El volumen es alto o bajo? ¿Siento el aire o algo más que toco? ¿Qué tan consistentes son? Después de observar y familiarizarnos con las imágenes mentales durante unos minutos, jugamos a:

Juguemos con la percepción

Tomamos cada parámetro y jugamos con volúmenes e intensidades. Para cada cambio, registramos lo que sucede dentro de nosotros a nivel emocional y fisiológico. Y, en un nivel aún más básico, la imagen mental.

* Aumentamos y disminuimos el brillo
* Saturamos y aclaramos los colores
* Acercamos y alejamos la imagen
* Vamos de adentro hacia afuera
* Desenfocamos los bordes o nos enfocamos en un detalle a la vez
* Tomamos la imagen en el horizonte y vemos cómo se hace más pequeña
* Subimos el volumen de los sonidos al máximo.
* Ajustamos el bajo del sonido
* Nos centramos en una voz y escuchamos lo que dice y en qué tono
* Cambiamos el tono de esa voz
* Rompemos ese sonido como una radio rota y volvemos a armarlo con la más alta calidad.
* Sentimos la temperatura del lugar, etc.

Pasamos 5 minutos jugando con los poderes de nuestra mente y luego descansamos

Un buen día comienza por la mañana.

Despertar y regular emociones y perspectivas es un arma virtualmente invencible en la búsqueda de una vida feliz. Basta con saber tratar los primeros instantes tras despertar, y todo el día transcurrirá como lo hemos decidido, a pesar de todos los imprevistos que nos puedan suceder.

Entonces, debido a que la realidad existe de todos modos, ya sea que decidamos sentirnos bien o mal, decidimos activamente sentirnos bien y comenzar un buen hábito por la mañana. Como habrás adivinado, el mejor momento para hacerlo es muy temprano en la mañana, pero nada nos impide intentarlo en cualquier momento del día.

Así que elijamos un lugar donde tengamos diez minutos a solas, sin distracciones y con la máxima libertad, y nos sentamos cómodamente. Cerramos los ojos y comenzamos a respirar. Observamos la respiración tal como es, y en unos minutos observamos los detalles en las siguientes áreas: cabeza, cuello, garganta, pecho y abdomen. Después de observar la respiración de todo el eje, observamos todo el eje durante un minuto y luego respiramos con todo el cuerpo.

En este momento, recordamos algo, evento o persona por lo que estamos agradecidos. Puede ser cualquier cosa, incluso el sol. Cuando recordamos a esta persona o este evento, ajustamos la intensidad de varios parámetros hasta que la imagen mental se vuelve más brillante que nunca. Tratemos de darle vida tanto como sea posible a lo que vemos, escuchamos y percibimos (tratemos de usar los parámetros más fuertes que notarás en los ejercicios neutrales. Por ejemplo, para mí, cuando subo el volumen en una escena, cada detalle cambia fundamentalmente) y disfruta de unos minutos del agradecimiento. Después de saborear esta alegría, cuando estemos listos para volver a nuestro día, siempre prestando atención a nuestra respiración, abrimos los ojos y permanecemos en esta postura por un rato.

La vida está hecha de mañanas

Imaginemos que podemos decidir qué sello queremos ponerle a nuestra vida. Imaginamos que tenemos la mayor libertad para definir nuestros sentimientos y aceptar plenamente todas nuestras emociones. ¿Cómo sería si todo nuestro intelecto y ninguna emoción interfiriera con nuestro comportamiento de manera dañina?

¿Y si pudiéramos disfrutar del presente sin importar quiénes somos? Pensemos en esta libertad y cuánto nos ayuda a alcanzar nuestras metas. ¡Sal de tu posición y ve a por ello! Ahora estás mentalmente preparado para asumir los desafíos del día.

Paz interior

La verdadera paz viene de adentro y no depende de circunstancias externas. La paz interior es un estado en el que el cerebro se calma y la mente se cultiva y entrena. Normalmente, la mente está en un estado de pensamiento constante. Los pensamientos van y vienen en cualquier momento del día. Muchos de estos pensamientos están relacionados con pequeños problemas o eventos negativos, preocupaciones y pánico. La mente pregunta, compara, investiga, discute todo, habla y no permite un momento de descanso. Esta condición es una de las razones del anhelo de paz interior.

Sin embargo, incluso con el deseo de paz, la mayoría de las personas continúan permitiendo que las preocupaciones y ansiedades llenen sus mentes para frenar su paz interior. La verdadera paz viene de adentro, del espíritu. Sólo cuando tu mente está en paz puedes disfrutar de esta paz. Solo cuando fabriques serenidad dentro de tu ser, dentro de ti mismo, la verdadera quietud cobrará vida en tu mundo exterior.

A medida que se desata una tormenta, las olas golpean al bote de arriba hacia abajo y de una ola a otra. Solo si la tormenta y las olas se detienen, el barco puede navegar sin problemas, con tranquilidad. Los problemas externos, o las tormentas tal como las vemos, pasan solo después de que la tormenta en el cerebro y la mente se haya enfriado. Si la realidad interna es pacífica, entonces las circunstancias externas comienzan a reflejar esta paz interna.

La paz exterior siempre viene con la paz interior. Una mente tranquila disipa la calma y afecta el medio ambiente. Cualquiera que encuentre la calma sentirá esa calma e inconscientemente reaccionará y actuará en consecuencia.

¿Qué pasaría si hablaras tranquilamente con alguien que está nervioso y gritando? Eventualmente bajará su voz. ¿Qué pasaría si mantuvieras la calma y la compostura en una situación que pusiera a alguien ansioso o incómodo? También se calmará un poco e inconscientemente imitará tu frialdad. Estos son solo algunos ejemplos del efecto de la paz interior en el mundo exterior. Puedes descubrir muchos más observando lo que sucede a tu alrededor con cada cambio de humor que experimentes. Puedes lograr la paz interior a través de la atención plena, la meditación, el yoga y otras técnicas.

La clave para la paz interior es la capacidad de calmar la mente, reducir su inquietud y liberarla de la compulsión del pensamiento y la ansiedad constantes. Al entrenar tu mente y tus emociones, puedes lograr la paz interior para que puedas disfrutar de la paz exterior. No importa cuál sea tu entorno externo, lo que suceda a tu alrededor. Si buscas la paz interior, tu vida y tus circunstancias cambiarán para reflejar la obediencia que rodea tu ser.

Las experiencias de paz interior no son tan raras como podría pensarse, pero son fugaces. Aparecen cuando estás absorto en una actividad intensa, como ver una película interesante, leer un artículo o admirar un paisaje magnífico. Suelen durar poco tiempo hasta que la mente se activa de nuevo. Un ejemplo de paz temporal son las vacaciones, generalmente cuando estás fuera de casa. Después de uno o dos días, comienzas a experimentar una sensación de paz interior y serenidad. Se suprime la tendencia a la fiebre de la mente, se reduce el nivel de preocupación y de pensamiento continuo. En este estado de ánimo, te sentirás más cómodo y satisfecho y disfrutarás de tus vacaciones. Por cierto, ¿alguna vez has notado que las personas tienden a ser más pacientes, amables con todos en vacaciones? Esto se debe a que sus corazones son más pacíficos.

La tranquilidad temporal es agradable, pero no es suficiente. Para lograr la paz más a menudo y más profundamente, independientemente de las circunstancias externas, se requiere un entrenamiento interior. Puedes disfrutar de la misma paz y alegría de las vacaciones cuando estás trabajando, realizando tareas pesadas, en casa o con personas. Hoy hay muchas opciones para trabajar nuestro interior. Hay instructores, libros, tiendas, clases y, por supuesto, la web.

No hay deficiencia de datos ni de asesoramiento; eres tú, quien tiene que elegir que la serenidad interior y exterior esté entre tus prioridades, y empezar a hacer algo para lograrlo.

La importancia del enfoque

La concentración es la capacidad de enfocar la mente en un objeto o idea y nada más. Es el poder de concentrarse en lo que estás haciendo. Hacer una cosa pensando en otra es una señal de descuido. Ninguna acción se hará bien si la mente no está enfocada. Muy pocas personas tienen una concentración realmente fuerte. La mayoría de la gente reconoce que es importante, pero pocos hacen algo para cultivarla o fortalecerla. La concentración tiene un gran valor. Ayuda a hacer el trabajo de manera más eficiente. Mejora la memoria, hace que el análisis sea más fácil y rápido, y te hace más inteligente y consciente de tu entorno. Las actividades, tareas y asignaciones se ejecutan mejor, más rápido y con menos errores. El enfoque es necesario para la visualización creativa, la transferencia mental y las habilidades psíquicas, la curación y la magia. Esto es muy importante para la meditación. Ayuda a adaptarte a un flujo constante de pensamientos, lo que trae paz interior y bloquea los pensamientos perturbadores.

Centrarse

Cuando se desarrolla el poder de concentración, menos pensamientos pueden pasar por la mente sin permiso. Esto significa un mayor control de la mente deriva en una mayor paz y felicidad interior. Una buena concentración es esencial si quieres hacer tus cosas diarias de manera eficiente y eficaz, para tener éxito en el mundo material o espiritual. La concentración se puede desarrollar y fortalecer a través de un entrenamiento adecuado, al igual que los músculos del cuerpo se fortalecen y tonifican mediante ejercicios de musculación. Cuando levantas pesas, desarrollas músculos en tu cuerpo, cuando practicas la atención plena, ejercitas tus músculos mentales.

La concentración es un proceso muy sencillo, aunque no tan fácil de practicar. Esto se debe a que la mente está tan acostumbrada a ir de aquí para allá que se resiste a cualquier intento de contenerla y calmarla.

Pero con la práctica adecuada se puede desarrollar y aprender a centrarse en un solo sujeto u objeto. Cuanto más tiempo pases cultivando tu mente, más verdadera será tu mente y más fuerte será tu concentración.

Ejercicios para entrenar la mente

Con todo el estrés externo bombardeándonos todo el tiempo, puede ser difícil concentrarse en una actividad durante largos períodos de tiempo. A veces, incluso la idea de concentrarse en una tarea durante mucho tiempo te agota tanto que prefieres posponerla unas horas y luego para el día siguiente.

Para mejorar tu enfoque, simplemente practica los siguientes ejercicios de entrenamiento mental.

1. Crea un mapa de movimiento claro

¿Sabes cuál es uno de los mayores obstáculos que nos impiden mantener un gran enfoque? La falta de claridad sobre los próximos pasos a seguir. Una de las bombas psicológicas más devastadoras es precisamente la falta de un plan claro de lo que sucederá en el futuro. Imagina que quieres perder peso. Pero no sabes qué actividades hacer, con qué intensidad, qué alimentos puedes comer y cuándo. Estás frente a una montaña infranqueable. La sola idea de comenzar te destruye. Si no conoces los próximos pasos al principio del proceso, estos bloqueos emocionales pueden desviarte rápidamente y darte por vencido incluso antes de comenzar.

Cuán detallado debe ser tu mapa de acción, lo sentirás en tu piel según el tipo de objetivos que te propongas.

Si por lo general eres alguien que necesita muchos recursos del campamento base para ponerse en marcha, tómate el tiempo adicional para encontrar esos recursos.

Pero ten cuidado de no caer en un frenesí perfeccionista: nada puede ser perfecto, y en algún momento tienes que dar el primer paso y ajustar el mapa para el siguiente paso.

2. Ajusta tu estado de ánimo y tu entorno para lograr la máxima concentración.

Echemos un vistazo a algunos de los factores clave que necesitas saber para mejorar tu concentración.

- **Temperatura del lugar de trabajo**

¿Sabías que puedes ser más creativo en temperaturas ligeramente más cálidas? Ten en cuenta que un estudio de la Universidad de Cornell de empleados de compañías de seguros que trabajaban con computadoras encontró que la productividad se correlacionó positivamente con el aumento de la temperatura en la oficina.

A 25 °C, la precisión de escritura de los trabajadores alcanzó el 90 %. Sin embargo, con una disminución de 5 °C, la velocidad de escritura disminuyó y la tasa de error aumentó en un 25 %. El estudio también identificó otros factores que pueden afectar significativamente la productividad y el enfoque, como la calidad del aire y la contaminación. La temperatura del lugar de trabajo es solo uno de los parámetros a considerar si desea mejorar el enfoque.

- **Iluminación adecuada**

El segundo parámetro que debes tener en cuenta es una buena iluminación. Las longitudes de onda azules de la luz emitida por las luces de neón y la mayoría de los dispositivos electrónicos generalmente aumentan nuestros niveles de serotonina y nos mantienen despiertos. Sin embargo, recuerda que la luz natural siempre es mejor. Si estás cansado, sigue tu ritmo circadiano natural y descansa tu cerebro.

- **Reducir las distracciones**

Mantén tu teléfono inteligente fuera de tu alcance cuando comiences tareas importantes (debe cumplir con la regla de 20 segundos de Shawn Achor: es decir, si se toma 20 segundos más de lo normal para hacer algo, las posibilidades de ceder a la tentación disminuyen drásticamente).

Coloca una nota en tu estación de trabajo con un mensaje que te diga que debes mantenerte enfocado: "Siga adelante. Manténgase enfocado". Evita frases negativas de la serie: "No te distraigas". Su cerebro no percibe la negación y se centra en la distracción.

3. Haz una lista de tareas pendientes para posponer las distracciones.

Como habrás experimentado, tiendes a posponer las cosas cuando te enfrentas a una tarea que es desafiante y quizás incluso desagradable. Si las pones en un lugar visible, como en un tablero, no podrás evitar hacerlas.

La culpa que sientes cuando evitas las actividades más importantes puede ser un shock emocional para tu cerebro, como un gato mental de nueve colas. ¿solución? Al comienzo del día, escribe las tareas que quieres hacer. Así ahorras tiempo y tu cerebro lo registra.

De vez en cuando, tu cerebro necesita apagarse:
Date un tiempo para absorber la dopamina revisando tu feed o chateando con quien esté en línea en ese momento. Después de trabajar en una tarea durante un período de tiempo predeterminado, puedes disfrutar de ese placer culpable. Pero cuando regreses

a la tarea principal, debes comprometerte por completo.

Si has estudiado durante tres horas seguidas, levántate. Haz algunos estiramientos, salta en el lugar y respira profundamente. Cambia de habitación si es posible. Si estás en casa, distráete como mejor te parezca. Haz lo que más te gusta.

Administra tus impulsos sabiamente:
Si niegas constantemente tus deseos, usas energía mental para resistir los impulsos, y esto solo te hará más y más fuerte. Entonces, en lugar de privarte, organízate.

4. Practica la meditación y la atención plena:

En general, un creciente número de investigaciones demuestra cómo la meditación reduce el estrés, la ansiedad y, a su vez, mejora las relaciones, la estabilidad emocional, el enfoque y la memoria de trabajo.

La meditación te permite entrenar tu cerebro para que se tes cuenta cuando tus pensamientos se desvían por la tangente. Luego, practica llevarlos de vuelta a aquello a lo que debería dirigir tu atención.

Además de anotar tus metas diarias por la mañana, acompaña una meditación para ayudarte a concentrarte en lograr esas metas.

Durante el día, tu atención oscila como un péndulo. Cuanto más practiques, más podrás permanecer en una dirección. Sin embargo, puedes dejar que tu enfoque funcione libremente durante el período de recuperación.

5. Calendario de su horario para el día con revisiones de mitad de período

Dedica los primeros 5 minutos de tu día a planificar y escribir tu lista de "cosas por hacer hoy". Escribe tus metas para el día. Usa lápiz y papel para participar en múltiples funciones cerebrales

Al final de cada una de las próximas 8 horas, se recomienda que te tomes 1 minuto para detenerte y recordar lo que has hecho durante cada una de esas horas. Te felicitas, reenfocas, ajustas tus expectativas y te tomas un descanso. Si quieres acelerar, reduce la velocidad. Cuando recuerdas lo que has logrado, agrega una experiencia emocional positiva a tu trabajo y progreso. Este paso mejorará tu enfoque, ya que te motivará y te mantendrá en marcha. Usa los últimos 5 minutos al final del día para revisar y planificar el día siguiente.

Así podrás concentrarte mejor cada día. Este plan de 18 minutos sirve como una barrera de protección fácil de implementar, pero extremadamente útil para mantenerte mentalmente encaminado.

6. Desarrolla metas y actividades que se alineen con tus prioridades y valores:

Si no quieres hacer algo, hay una razón. Puede que no estés en la parte superior de la ubicación deseada. ¿Correcto?

Como humanos, todos tendemos a comportarnos de maneras que nos hacen sentir seguros. Entonces, cuando tenemos que hacer algo desconocido (y por lo tanto incómodo), sentimos resistencia. Puede ser difícil, pero lo conseguimos. ¿Bueno? La vida ciertamente no nos deja huir de las cosas que no queremos. Así que aquí está la clave:

Revisa y reflexiona sobre lo que necesitas hacer para alinearte con tus valores y prioridades. ¿Sabes cuáles son tus valores y prioridades? Mira lo que has logrado y compáralo con las metas que te has fijado hasta ahora. Por ejemplo, si crees que un saldo bancario sólido es una de tus principales prioridades, pero tu estado de cuenta muestra más gastos que ingresos, entonces tener mucho dinero no es tu principal prioridad.

¿Qué puedes hacer? Trata de entender qué actividades no estás haciendo actualmente para asegurar un buen saldo bancario. ¿Ahorrar dinero, reducir costos, cambiar y realizar un seguimiento de tus hábitos de gasto, tomar decisiones de compra más inteligentes y encontrar formas de aumentar tus ingresos? Tú puedes encontrar esas cosas aburridas o que requieren mucho esfuerzo, y por eso no las haces. La buena noticia es que se pueden convertir en cosas agradables.

Elige las actividades más fáciles y divertidas, las que te hagan sentir cómodo y seguro. Para todos los demás, contrata a alguien o genera un mecanismo para que haga el resto por ti.

Si eres bueno generando ingresos, pídele a un asesor financiero que desarrolle un plan para rastrear y administrar tus gastos.

Tu tarea es simplemente descubrir qué parte del pastel te gusta más y comértelo. A muchas personas les gustan las partes que no quieren comer. Usa diferentes sabores a tu favor.

7. Fortalece tu cerebro con diferentes ejercicios:

Según los últimos hallazgos en neurobiología, aprendemos mejor cuando usamos activamente la información que recibimos para realizar diversas actividades. No solo nuestra experiencia de aprendizaje es más interesante, sino que también activamos más partes del cerebro. Si necesitas aprender un tema, toma notas, crea visualizaciones, organiza grupos de discusión, toma exámenes. Aborda los problemas desde diferentes ángulos.

¿Otros ejercicios para mejorar la concentración?
• Estimulación regular de los 5 sentidos
• Visualiza ver a tu amigo desde todos los ángulos posibles.
• Imagina que estás disfrutando de una fruta.
• Imagina escuchar diferentes tipos de música.
• Imagina oler diferentes olores.

Activa diferentes partes del cerebro

Toma papel y lápiz y escribe con tu mano no dominante. Esto entrenará la atención y estimulará fuertemente la actividad sináptica.

Crea tu propio diario personal y escribe 3 cosas por las que estás agradecido cada día. De esta manera, irás ascendiendo cada vez más en la escalera de la realización personal.

Lee un libro lo más rápido posible y trata de resumir lo que entiendes. Practica despejar la mente. Ser más consciente de tus pensamientos te permitirá controlarlos mejor y tener un impacto menos negativo en tus recursos mentales y estado emocional. Practica estas técnicas todos los días y casi antes de que te des cuenta, tu atención se volverá más independiente de las distracciones externas.

Cada día, te vuelves más capaz de controlar y administrar tus recursos mentales, lo que afecta en gran medida tu productividad. autocontrol y autodisciplina

La mayoría de la gente admira y respeta a las personas fuertes que han logrado un gran éxito a través del autocontrol y la autodisciplina. Están asombrados de aquellos que son moderados, autodisciplinados y ambiciosos, que mejoran sus vidas, aprenden nuevas habilidades, superan la adversidad, pierden peso, escalan su campo elegido o progresan espiritualmente a lo largo de su camino. De hecho, cualquier persona con entrenamiento puede desarrollar un alto grado de autocontrol y autodisciplina. Estas habilidades inherentes no están reservadas para algunas personas especiales. El autocontrol y la autodisciplina son dos de las habilidades más importantes y valiosas en la vida de cada persona y siempre se han considerado herramientas importantes para el éxito en todas las áreas de la vida.

Se pueden aprender y dominar como cualquier otra habilidad, pero pocas personas toman medidas para desarrollarlas y fortalecerlas adecuadamente.

¿Qué es el autocontrol?

Es la fuerza interior para decidir, actuar, abordar y ver cualquier meta o tarea hasta su finalización, independientemente de la resistencia, los incentivos o los desafíos internos o externos. Da fuerza para vencer la pereza, las tentaciones y los hábitos negativos y para actuar, aunque estas acciones sean desagradables, aburridas, requieran esfuerzo o no encajen en hábitos aceptables.

¿Qué es la autodisciplina?

Es el rechazo de la satisfacción instantánea a favor de algo mejor. Es el cese del deleite instantáneo y la gratificación por una meta más alta y mejor. Se manifiesta como la capacidad de ceñirse a las acciones, las ideas y el comportamiento, que conducen a la mejora y al éxito. El autocontrol es autodisciplina y se manifiesta en disciplina espiritual, mental, emocional y física. Esto no significa ser solitario o vivir como un faquir. Es uno de los pilares del éxito y la fortaleza, que da la fuerza interior y el poder para enfocar toda la energía en la meta y perseverar hasta lograrla.

El autocontrol y la autodisciplina son necesarios para las acciones diarias y la toma de decisiones, así como para dar grandes pasos y lograr grandes éxitos. Son importantes para el trabajo efectivo, el estudio, el inicio de un negocio, la pérdida de peso, el desarrollo muscular y el ejercicio, el mantenimiento de buenas relaciones, el cambio de hábitos, la superación personal, la meditación, la madurez espiritual, el cumplimiento de las promesas y casi cualquier otra cosa.

Una de las técnicas más simples y efectivas para lograr el autocontrol y la autodisciplina es negarse a satisfacer deseos mezquinos e innecesarios. Todo el mundo se enfrenta constantemente y es atraído por un flujo constante de deseos y tentaciones, muchos de los cuales no son realmente significativos o deseables. Enfrentar todo aprendiendo a resistir, y uno se vuelve más fuerte. Negar y rechazar los deseos y acciones no deseados, dañinos o innecesarios y actuar conscientemente en contra de tus hábitos aumenta y fortalece tu fuerza interior. El ejercicio desarrolla tu fuerza interior, al igual que desarrollar músculo en el gimnasio aumenta tu fuerza. En ambos casos, los usas cuando necesitas fuerza interior o fuerza física. Aquí hay unos ejemplos:

• No leas el periódico ni escuches las noticias durante uno o dos días (descubrirás que, sin las malas noticias y el bombardeo de los tabloides, tu perspectiva de la vida cambia)

• Cuando tengas sed, bebe agua en lugar de gaseosas (2 litros de agua helada al día pueden ayudarte a perder peso y mejorar la salud de la piel).
• Sube y baja las escaleras en lugar de usar el ascensor (queman calorías y tu cuerpo te lo agradecerá)

• Bájate del autobús una o dos paradas antes de llegar a tu destino y camina el resto del trayecto (respirarás aire fresco, harás ejercicio y verás la vida con más lentitud).

Estos son solo algunos ejemplos de los muchos ejercicios que se pueden utilizar para desarrollar el autocontrol y la autodisciplina. Tales ejercicios aumentarán tu fuerza interior. Mediante el uso de métodos guiados y organizados, puedes ir más allá, ganar más control sobre ti mismo y tu vida, alcanzar tus metas, mejorar tu presente y lograr satisfacción y paz interior, tal como era cuando eras un niño inocente.

El poder del orden y el pensamiento

El pensamiento es comúnmente una variedad de palabras, oraciones, imágenes y sentidos. Los pensamientos son visitantes que viajan a la estación central de la mente. Llegan, permanecen un rato, luego se desvanecen, despejando un espacio en blanco los nuevos. Algunos de estos pensamientos permanecen más tiempo, adquieren poder e impactan la vida del individuo que los imagina.

La mayoría de las personas permiten que pensamientos relacionados con preocupaciones, temores, ira o tristeza invadan su mente la mayor parte del tiempo. Continúan ocupando sus mentes con conversaciones internas sobre situaciones y acciones negativas.

Tarde o temprano, este diálogo interno obliga a la mente subconsciente a reconocer y tomar en serio los pensamientos e ideas expresados en estos diálogos internos. Es muy importante tener cuidado con lo que entra en el subconsciente. A menudo, las palabras e ideas repetidas se fortalecen con la repetición, se quedan grabadas en la mente e influyen en el comportamiento, las acciones y las reacciones de las personas involucradas.

Afirmaciones

La mente subconsciente considera que las palabras e ideas que se encuentran encerradas en ella se verbalizan y representan una situación real y, en consecuencia, intenta alinear las palabras y las ideas con el realismo. Trabaja diligentemente para hacer de estas palabras e ideas un hecho en la vida del individuo que las declara o las cree.

Esto significa que, si sigues diciéndote a ti mismo que el dinero será difícil o imposible de conseguir, tu mente subconsciente creerá tu palabra y pondrá obstáculos en tu camino. Si continúas diciéndote a ti mismo que eres rico, descubrirás formas de darte oportunidades para volverte rico, y esto te motivará a aprovechar esas oportunidades. Los pensamientos que pones en palabras dan forma a tu vida.

Esto a menudo se hace inconscientemente, ya que pocas personas son conscientes de sus pensamientos y las palabras que usan al pensar y permiten que las circunstancias y situaciones externas influyan en su pensamiento. En este caso no hay libertad. Aquí el mundo exterior afecta al mundo interior. Si eliges conscientemente los pensamientos, palabras y frases que repites en tu cabeza, tu vida comenzará a cambiar. Comenzarás a crear nuevas situaciones y circunstancias. Estarás utilizando la técnica de las afirmaciones.

Las afirmaciones son frases que se repiten con frecuencia a lo largo del día y se entierran en la mente subconsciente, utilizando así su tremenda habilidad para cristalizar la intención de frases y palabras en el mundo exterior. Esto no significa que cada oración producirá resultados. Para activar la mente subconsciente, el discurso debe ser enfocado, consciente y con sentido. Las afirmaciones deben hacerse con palabras afirmativas para producir resultados positivos. Analicemos las siguientes dos oraciones:

1. Ya no soy impotente.
2. Soy fuerte.

Aunque ambas oraciones parecen expresar la misma idea, es simplemente que en diferentes oraciones la primera representa una oración negativa. Crea una imagen de incompetencia en la mente. Esa es una mala elección de palabras. La segunda oración trae a la mente la imagen del poder. No es suficiente decir afirmaciones unas cuantas veces y luego esperar que tu vida cambie. Se necesita más que eso. Junto con un fuerte deseo, confianza en sí mismo y perseverancia, requiere una aprobación sincera. También es importante elegir la afirmación correcta para cualquier situación. Tienes que sentirte cómodo con lo que quieres, de lo contrario, la afirmación podría no funcionar o podría darte algo que realmente no necesitas.

Estas declaraciones se pueden usar junto con la visualización creativa para mejorarla, o por sí solas. Son muy importantes para lo inimaginable. En este caso, se pueden utilizar como sustituto de la visualización creativa. En lugar de repetir mentalmente frases y palabras negativas y sin sentido, elige frases y palabras positivas que te ayuden a crear la vida que deseas. Al elegir tus pensamientos y palabras, puedes estar a cargo de tu vida. Aquí doy algunos ejemplos:

• Me siento cada día más inteligente y agradecido.
• Con cada respiración estoy satisfecho con la vida.
• La pasión domina mi vida hoy.
• La capacidad del universo llena mi vida de amor.
• Muchos beneficios fluyen en mi vida.
• Poder pensar universalmente también ha enriquecido mi vida.
• La poderosa y vital energía del universo fluye y satisface mi cuerpo y mi mente.
• La vitalidad curativa satisface para siempre cada célula de mi cuerpo.
• Mantengo la calma y el control en todas las situaciones.
• Hoy tengo un día completo, brillante y encantador.

Imagina siempre solo situaciones positivas y favorables. Usa palabras positivas en tu diálogo interno o cuando hables con otras personas. Sonríe un poco más porque te ayuda a pensar en positivo. Ignora cualquier sentimiento de pereza (procrastinación) o el deseo de retomar viejos malos hábitos (fumar, beber, apostar, etc.). Si vives con ello, cambiará tu forma de pensar.

Cuando un pensamiento dañino entre en tu cuerpo, préstale atención y trabaja para reemplazarlo por uno constructivo. Los pensamientos dañinos intentarán entrar en tu cerebro nuevamente y luego tendrás que reemplazarlos con pensamientos positivos nuevamente. Es como tener dos imágenes frente a ti y eliges mirar una y apartar la otra. La persistencia eventualmente te enseñará a tu mente a pensar positivamente e ignorar los pensamientos negativos. Si sientes resistencia interna a reemplazar los pensamientos negativos por positivos, no te des por vencido y continúa enfocándote solo en los pensamientos saludables, buenos y felices en tu mente.

No importa cuál sea tu situación actual. Piensa positivamente, espera solo resultados y situaciones favorables, y las circunstancias cambiarán en consecuencia. Puede tomar algún tiempo para que los cambios sucedan, pero definitivamente sucederán.

Capítulo 2
Protección psicológica

Vivir una vida feliz y alcanzar tus metas es algo que puedes hacer fácilmente. Todo lo que necesitas hacer es aprender algunas estrategias que te ayudarán. Este capítulo te proporcionará los pasos para utilizar estrategias de defensa psicológica para vivir una vida plena.

Cómo protegerse de los ataques psíquicos

¿Te sientes extremadamente débil y cansado después de pasar tiempo con alguien? ¿Te sientes incómodo después de escuchar a alguien que tiene un gran problema personal? Estos son posibles síntomas de contaminación energética entre las personas. Afortunadamente, puedes eliminarlos y tomar medidas para prevenirlos y poder disfrutar de la vida como cuando eras niño y jugabas con tus amigos.

Lo que tienes que hacer es aprender estrategias psicológicas de defensa personal. Una vez que sepas esto, podrás superar la energía negativa y otras cosas que pueden entrar en tu campo de fuerza.

Aprender estrategias que incluyan la autodefensa psicológica puede ser de gran ayuda para todos porque es una etapa importante del desarrollo psicológico. Cultivar esta barrera protectora te protegerá de las mentiras, las energías contaminadas y las influencias hostiles. Los ejercicios y técnicas de defensa personal mental te ayudarán a mejorar tus habilidades mentales en tu búsqueda de la mejora espiritual. Así que estos buenos ejercicios te harán más fuerte, especialmente mentalmente. También te facilitará mantenerse a salvo y protegido de lesiones, enfermedades y ataques de otras personas.

Este capítulo tiene como objetivo brindarte todo lo que necesitas para tener una mente más fuerte y más capaz. Tu viaje está a punto de comenzar... ¡disfruta leyendo!

La importancia de una voluntad fuerte

Ser fuerte no se trata solo de tu fuerza física. La fortaleza también está relacionada con la mente, lo que significa que cuando eres fuerte, tienes la fuerza mental adecuada. Una mente fuerte y saludable puede ser de gran ayuda para ayudarte a alcanzar tus sueños y metas deseadas.

Una mente fuerte es algo muy importante en todo lo que haces en la vida. Si eres un estudiante, un profesional o alguien que se dedica a los deportes, realmente necesitas tener una mente fortificada. Necesitas mejorar el nivel de fuerza mental, para que poseas cualidades valiosas como determinación, perseverancia, pasión, tranquilidad, dedicación y paciencia.

Con una mejor fortaleza mental, puedes enfrentar situaciones difíciles como enfermedades o desavenencias en el círculo familiar con facilidad. También te ayudará a evitar el estrés que puede afectar tu trabajo y tu forma de pensar. Cuando experimentas demasiado estrés, tienes que dejar de trabajar un rato para descansar y re-canalizar tu vida de ese algo que te molesta. Saber cómo usar el poder de tu mente para animarte a ti mismo es algo fácil de hacer. Todo lo que necesitas realizar es pensar y concentrarse en tus metas y los pensamientos positivos que tienes en tu poder.

Así sabrás si estás bajo ataque

Hay diferentes maneras de saber si estás siendo atacado psicológicamente. Por ejemplo, si te sientes débil o deprimido. Otros síntomas incluyen:

• Cambios de actitud repentinos y drásticos
• Cambio significativo de actitud sin justificación
• Pérdida de memoria
• Cambios significativos en la capacidad de pensar con claridad, o las llamadas habilidades analíticas.
• Fatiga constante sin razón aparente
• Sensación de baja energía.
• Sensación de frío en parte o en todo el cuerpo.
• Escuchar a menudo la voz de alguien
• Escuchar ruidos extraños
• Pesadillas frecuentes o recurrentes
• Accidentes inusuales
• Crees que alguien te está mirando u observando
• Miedo o incomodidad acerca de un área o habitación en su oficina u hogar
• Falta de confianza en uno mismo

• Problemas de salud repentinos que son difíciles de diagnosticar.

• Sufres de una enfermedad inexplicable

• Sentirse conectado con alguien, incluso si está solo.

• Dificultades irrazonables o problemas con las relaciones o el dinero.

• Piensas en monstruos, temes a las sombras.

• Estar deprimido sin razón.

• Alucinaciones

• Miedo, dolor o ira inusuales

Cualquiera de estos signos significa que estás bajo ataque. Para prevenir todo esto, debes aprender a protegerte de las influencias negativas y energías oscuras que existen en tu entorno. Por lo tanto, debes aprender estrategias psicológicas de defensa personal.

Aprende a controlar tus niveles de energía

Cuando se trata de estrategias psicológicas de autodefensa, aprenderás que hay formas de tomar el control total de tus niveles de energía. Para hacer esto, haz lo siguiente:

• **Cambio:** Si una persona te está enviando energía negativa (quejándose de política, religión, finanzas, su situación familiar o laboral), sácala de ese estado y llévala a otra realidad más mundana. Pregúntale qué hizo ayer. También puedes hacerle otras preguntas como lo que siente por su jefe o su color favorito.

• **Protección**: Crea un escudo energético en tu mente para separarte de las personas negativas que solo te irradiarán con flujos de energía que causan problemas. Por ejemplo, cuando alguien te haga una pregunta que no quieras escuchar, cuenta mentalmente hasta diez y concéntrate en cada número.

Bloqueo: es lo mismo que con el blindaje, pero es más en el aspecto físico. Pon un obstáculo entre la fuente externa de angustia y tu propio yo. Por ejemplo, si alguien quiere incomodarte con una mala conversación, gira tu vista hacia algo positivo para que tu mente se concentre en otra fuente energética.

• **Recarga**: eleva el nivel de energía de una persona al inyectar energía en el sistema de la persona. Esto se hace a través de afirmaciones positivas.

• **Cambio de energía**: cambiará temporalmente la frecuencia vibratoria de una persona, bajándola o elevándola, solo por un tiempo limitado.

• **Encuentra el equilibrio**: Tu energía automáticamente buscará y encontrará el equilibrio. Esta etapa se llama equilibrio. Solo necesitas relajarte y permitir que fluya más energía dentro y fuera de tu cuerpo sin forzarlo. Esta estrategia también es ideal para buscar la armonía con el medio ambiente.

• **Romper conexiones**: se pueden formar líneas de energía negativa durante los rituales. Esto sucede a menudo cuando pierdes el conocimiento y actúas como un robot. Al romper esta conexión física o energética, se vuelve más fácil encontrar una solución a tus problemas. Necesitas enfocar tu energía en encontrar la solución inicial.

• **Vuelve a concentrarte:** recuerda concentrarte en las cosas que te llevarán a donde deberías estar.

• **Calma**: Esta es una forma de llevar tu cuerpo a un estado de relajación, estabilidad y paz. Esta es una serie de física para el equilibrio, la coordinación y el centrado.

• **Foco:** Esta técnica es útil cuando apenas puedes concentrarte en nada. Esta es la versión espiritual del equilibrio, la quietud y la coordinación.

• **Equilibrio**: Encontrar el equilibrio permite que tu energía fluya naturalmente.

• **Sintonía**: necesitas conectarte con tu espíritu central. Esta estrategia es el aspecto mental del equilibrio, la puesta a tierra y el centrado.

• **Cierre**: para controlar tu nivel de energía de manera efectiva, debes cerrar los chakras de una persona temporalmente. Puedes hacerlo de forma parcial o total. Esta técnica te ayudará a evitar que la energía entre y salga de esa persona.

• **Cocooning**: crea un escudo o una burbuja de energía alrededor de alguien. Puedes usar esto para aislar a una persona de un círculo de energía sin que sepa que lo hiciste.

• **Descanso**: hay momentos en que una persona necesita descansos, y esto te dará la oportunidad de mejorar el nivel actual de tu energía. Una siesta corta y dormir lo suficiente será bueno para que tu cuerpo obtenga más energía.

• **Permanecer presente**: este es el conjunto de habilidades que puedes utilizar para reconocer la sensación de que has perdido el control de tu cuerpo, como a través de la posesión y la canalización. Entrénate para ser consciente de los signos de precaución como los estados de seguimiento, el movimiento corporal impulsivo, percibir pensamientos, sentimientos y voces que en realidad no son tuyos.

• **Conmoción**: una sensación o un sonido sorprendente puede sacar a alguien del estado en el que no presta atención. Un sonido fuerte cerca de ti, como un aplauso agudo de las manos, generalmente sacará a alguien del estado alterado. En algún momento, cuando el caso es extremadamente severo, los movimientos físicos como dar una bofetada en la cara o una patada en la espinilla traerían a la persona de regreso de inmediato sin efectos secundarios crónicos o a largo plazo. Estos deben usarse solo como una última medida, y siempre debe usar esto solo en circunstancias específicas.

• **Conexión a tierra radical**: estas son las tácticas que puedes utilizar para eliminar instantáneamente toda la energía excesiva presente en una persona. Estos incluyen el movimiento físico y el energético. Un ejemplo de esto es una caída del talón. Deja que la persona brinque y cuando no esté en el suelo, pídale que bloquee las rodillas y que luego aterrice con fuerza con los dos talones. La sacudida física ocurrirá cuando aterrice, ya que esto impulsará su energía profundamente en el suelo de inmediato.

De esta manera, como puede ver, hay varias formas que puedes utilizar para aprender a controlar tu nivel de energía. Estas estrategias te ayudarán a tener una mejor capacidad para controlar tu niño interior, para que puedas concentrarte mejor en el exterior. Controlar tu energía también es un aspecto de la estrategia de autodefensa de la psique.

Aprende a luchar contra la energía negativa

La energía "negativa" es la energía destructiva que puede resultar en mal karma y pérdida de fortuna. También podría actuar como un obstáculo para tu vida en casi todos los aspectos. Afortunadamente, existen varias formas de combatir y prevenir la energía negativa. Por otro lado, estas formas solo funcionarán cuando pongas determinación, diligencia y que hagas todo lo que hay que hacer para eliminarlas por completo. Aprende cómo puedes combatir la energía negativa conociendo los pasos a continuación:

Cómo superar la energía negativa

1.	Evita a las personas que piensan negativamente, ya que es una de las mejores formas de protegerse de las vibraciones negativas que poseen. Tienes que sociabilizar con los que poseen pensamientos positivos.

2.	Detén tus pensamientos negativos y sé optimista en todo momento. Como lo hemos explicado en profundidad en el capítulo 1, esto puede ser un desafío y una cosa difícil de hacer, pero prestar más atención a la forma en que funciona tu mente y cambiar tu forma habitual de pensar sobre cualquier cosa es aún más desafiante para la vida. En lugar de preocuparte y dedicar tu tiempo a tus errores y fracasos, presta atención a tus logros y establece nuevas metas para motivarte a tener una mentalidad positiva.

3.	Sé amable con todos los que conoces. Esa persona podría ser el barista que te sirve el café, tu esposo, esposa o tus compañeros de trabajo. Tener una actitud positiva hacia otras personas también te ayudará a evitar la energía negativa.

4.	Haz algo de actividad física. Recuerda que el ejercicio ayuda a producir endorfinas, las cuales te hacen sentir mejor tanto mental como físicamente. Cuando sientas que la energía negativa comienza a afectarte, el ejercicio como caminar, hacer yoga o trotar puede ayudarte a evitar los lugares oscuros.

5.	Establece estándares más altos. Cuando descubras que algo anda mal, empieza a pensar negativamente y date siempre lo que te mereces, que es lo mejor.

6.	Siempre cree en ti mismo. Supera la energía negativa diciéndose a ti mismo que no durará para siempre. Siempre dite a ti mismo que puedes hacer lo que quieras. Siempre hay un deseo de triunfar. Seguir estos caminos te ayudará a combatir la energía negativa que te rodea. Haz que tu lado espiritual sea lo suficientemente fuerte como para hacer estos ejercicios para promover más energía positiva que energía negativa. Recuerda siempre que la protección contra la energía oscura es una de las partes más importantes de una estrategia de autodefensa psicológica.

Aprende a conectarte a tierra

En esta sociedad acelerada y en constante cambio, encontrar maneras de conectarse a tierra es un aspecto muy importante que puede ayudar a reducir el estrés y mejorar tu calidad de vida. Tienes que mantenerte firme, y puedes hacerlo haciendo un trabajo interno o desarrollando una práctica externa sólida.

Cuando creas una vida interior rica y segura, puedes conservar tu humildad mientras continúas teniendo éxito. Además, te ayudará a mantener una buena imagen de ti mismo cuando experimentes fracasos o rechazos, que se consideran aspectos normales de la vida humana.

Estos son los pasos para mantener los pies en el suelo:

1.   Tómate el tiempo para hablar con tu yo superior, meditar y disfrutar del entorno tranquilo y pacífico. Reserva algo de tiempo extra para ti, preferiblemente por la mañana, antes de que comiences tu ajetreado día. Escribe cómo te sientes en una hoja de papel si te ayuda a concentrarte más. Además, trata siempre de organizar todos tus sentimientos y pensamientos.

2.   Atrévete a correr riesgos y enfréntalos con valentía. Nunca intentes ocultar todos tus errores. En su lugar, reconócelos de inmediato y aprende de las lecciones que te enseñan. Cuando necesites ayuda, no dudes en preguntar.

3.   Crea tarjetas o genera archivos de fácil acceso que te ayudarán a superar los probables momentos difíciles en tu vida. Escribe tus citas, versos o mantras favoritos para desarrollar un punto de vista y guárdalos en tu billetera o smartphone. Léalos cuando comiences a luchar con la duda o el orgullo. Revisa varias veces hasta que sientas que tus pies están firmemente en el suelo.

4.   Crear metas y sueños medibles y alcanzables. Crea un programa diario de tareas pendientes.

5.   Rodéate y pasa el tiempo con tus amigos o familiares que te aceptan y aman por completo, y a los cuales no temes contarles las debilidades que posees. Pídeles que te den retroalimentación con regularidad, especialmente sobre la forma en que te comportas cuando se trata de relaciones. Además, pregúntales sobre la forma en que te ven cuando estás tratando de hacer lo que has prometido.

Aprende sobre la limpieza espiritual

Llevar a cabo el proceso de limpieza del espíritu de otra persona puede ser una tarea difícil. Requiere más concentración y todo debe estar preparado con anticipación antes de iniciar el proceso. La limpieza espiritual no pretende reemplazar ningún tipo de medicina o remedio. Por otro lado, puede ser una herramienta eficaz que utilices para mantener tu salud física y mental. Podrás lograr esto con su uso regular. Es solo cuestión de obtener todos los ingredientes correctos, encontrar un buen lugar para tener éxito y estar listo para traer salud y claridad a la vida de los demás.

Pasos de limpieza

Para lograr resultados exitosos de limpieza espiritual, haz lo siguiente:

1.   Independientemente de la habitación que elijas para hacer el proceso, asegúrate de que esté lista antes de que llegue la persona a la que le estarás quitando la energía negativa. Mantén la habitación ordenada y limpia barriendo y quitando el polvo. Enciende una vara de salvia y cuando se queme, sóplala para que el humo curativo se mezcle con el aire que circula por los rincones de la habitación. El humo te ayudará a encontrar lugares en la habitación donde haya una vibra positiva.

2.   Medita y tómate un tiempo para limpiar tu aura, luego alinea todos tus chakras antes de comenzar el proceso de limpieza espiritual. Siéntate en una silla,

luego cierra los ojos y concéntrate en la energía positiva que puedes sentir. Esto será muy importante ya que necesitas mantener una actitud positiva durante todo el proceso.

3.	Prepara a tu amigo para la limpieza espiritual. Déjalo sentarse en una colchoneta y pídele que cierre los ojos, luego que respire lentamente para que se relaje y se concentre para el proceso de purificación espiritual. Mantente en silencio y evita hablar mientras haces tu trabajo.

4.	Mantén la mano izquierda y la derecha a aproximadamente quince centímetros del cuerpo de la persona y concéntrate en la energía de esa persona. Comenzando desde la cabeza, trabaja usando tus manos sobre el aire hasta tus pies para sacar su energía negativa. Hazlo realizando algunos movimientos de agarre con las manos. No es necesario tocar el cuerpo, por lo que puedes eliminar su energía negativa con solo el deseo de la concentración. Lo siguiente que debes hacer es pedirle a tu amigo que se dé la vuelta y luego realizar acciones similares una vez más. Después de esto, absorbe su aura usando ambos lados de su cuerpo creando movimientos de barrido sobre todo el cuerpo sin tocarlo.

5.	Limpia la energía negativa y mantenla alejada del cuerpo humano, de la cabeza a los pies. Concéntrate en limpiar la energía por completo y trata de sentir el aura de la persona, luego usa tus manos para limpiar desde el frente hacia la parte posterior del torso. Esto ayudará al cuerpo a deshacerse del exceso de energía negativa que quedó del último ejercicio de limpieza.

6.   Identifica los puntos calientes y fríos de las personas. Concéntrate en el calor de diferentes partes del cuerpo. Tienes que empezar de nuevo desde la cabeza hasta llegar a los pies. En cualquier parte del cuerpo donde haya calor, se debe tratar de encarnar la frialdad terapéutica apuntando con los dedos hacia el cuerpo. Entonces comienza la transferencia de energía. Haz esto agitando las manos para eliminar la energía negativa que hay en ellas. Después de eso, el proceso está completo.

Aprender a dejar ir el miedo

Dejar ir y superar el miedo puede ser una tarea abrumadora y, para algunos, es absolutamente imposible. El miedo puede paralizarte, impedir que te muevas o reacciones ante las situaciones. La mayoría de las personas tienen miedo de probar cosas nuevas y lo piensan dos veces antes de hacerlo. Pero para conseguir lo que trae la verdadera felicidad a tu vida, tienes que aprender a soltar y olvidarte de otras cosas.

Para superar tu miedo, debes probar los siguientes pasos. Al hacer esto, puedes enfrentar las cosas que te asustan.

1.   Haz una lista de todas las cosas que te asustan. No te detengas y escríbelas todas. Eres libre de escribir sobre cualquier cosa como: miedo a la muerte, miedo a las alturas, miedo al fracaso, miedo a estar solo,

miedo al rechazo o cualquier otra cosa que te asuste. Anótalos todos y clasifíquelos en una escala del 1 al 5. Los puntos que asignes dependerán de cómo afectan tu vida entera. Usa 1 para las cosas que menos te asustan y 5 para las cosas que tienen un impacto negativo significativo en quién eres.

2. Nombra las cosas a las que te resistes porque tienes miedo de probarlas. Puede ser porque te lo piensas dos veces antes de aceptar la ayuda de otros, o porque no quieres mudarte a otra ciudad o estado. Anótalas y luego usa un sistema de clasificación similar al que usaste para enumerar todos tus miedos.

3. Comienza con tus miedos más elevados y las cosas a las que te resistes. Pregúntate por qué le temes a estas cosas y por qué tiendes a resistirte a algunas de ellas. Escribe todas las razones de tu miedo y resistencia. Contrasta cada uno de ellos. Por ejemplo, si tienes miedo de morir en un accidente aéreo, podrías responder a la afirmación pensando que millones de turistas vuelan todos los días sin incidentes.

4. Imagina hacer algo que te asuste. Trata de imaginar todos los movimientos en un estado de ánimo positivo. Anota todo lo que observaste sobre ti mismo y cómo te sentiste después de la acción. Realiza este proceso para cada miedo en tu lista.

5. Comienza a deshacerte de tus miedos y toma acciones que definitivamente marcarán una gran diferencia en tu vida. Cuando ves que todo está bien, se vuelve más fácil ganar la confianza para ver las cosas que alguna vez temiste.

El miedo es un obstáculo para muchas de tus acciones, pero también es un momento para reflexionar y vencer las ideas paralizantes, lo cual se logra con una mente fuerte y una fortaleza mental mejorada. Cuando se trata de una estrategia de autodefensa psíquica, debes aprender que superar tus miedos es algo muy importante. Al realizar los pasos anteriores, tendrás una mente más fuerte que estará libre de energías negativas causadas por tus temerosos pensamientos. Entonces, ¿por qué tener miedo cuando el miedo está en la mente? Recuerda siempre que una existencia vivida con miedo es una existencia vivida a medias.

Rodéate de "luz blanca"

Quizás ya haya escuchado el término "luz blanca" varias veces, pero realmente no comprendes lo que significa. Bueno, la luz blanca es un tipo superior de escudo espiritual. Como la luz blanca consiste en los colores incluidos en el espectro, existe la creencia de que la conciencia de una persona cuyas porciones están compuestas por los chakras con los colores combinados del espectro podría ser la Luz Blanca. Por lo tanto, la parte más profunda de ti, en donde anida tu niño interior, sirve como la fuente principal de esa luz, aunque hay algunas personas que creen que proviene del cielo.

Bloques

¿Cómo puedes usar esta luz para proteger y sanar tu espíritu? Si te conectas con tu niño interior (lo más profundo de ti), existe la posibilidad de que experimentes la luz blanca. Por lo tanto, esta luz proviene de aspectos que puedes usar para purificar o liberar tu ser interior, independientemente de tu energía negativa.

Esto se puede hacer simplemente llenándose con la luz blanca que viene desde adentro. Luego recuperar la conciencia y verificar el resultado. Llénate de esta luz y asegúrate de estar rodeado por ella para sentir la protección que brinda. De esta manera te sientes relajado y seguro. Cuando tiendas a estar más relajado, brillarás con luz blanca y estarás más en sintonía contigo mismo y con el universo. Debido a que la luz blanca revela tu yo más profundo, representa el hecho de que tu yo interior existe detrás o más allá de cualquier señal. Estos síntomas o signos no se refieren a ti, sino a tu experiencia. La luz blanca también juega un papel muy importante en las estrategias de autodefensa mental. Como puedes ver, esta luz te da la sensación de seguridad que buscas, que es un aspecto muy importante de una voluntad fuerte.

Usa afirmaciones positivas

Las afirmaciones positivas son declaraciones que te dices a ti mismo, ya sea en tu corazón o en voz alta, para ayudar a fortalecer tus creencias. Los expertos en salud recomiendan encarecidamente el uso de afirmaciones positivas para quienes sufren de estrés excesivo, depresión, ansiedad, problemas de autoestima y ataques de pánico. ¿Tienes algo que quieres, pero no sabes cómo conseguirlo? Aquí es donde las afirmaciones positivas pueden ayudarte. Estas afirmaciones cambiarán tu forma de pensar sobre algo y te ayudarán a alcanzar tus objetivos favoritos de forma natural. Para usar afirmaciones positivas al tratar de obtener lo que desea, haz lo siguiente:

1.   Compra un cuaderno y escribe todas tus metas y sueños de vida. No olvides añadir las afirmaciones positivas que quieras utilizar para que todos tus deseos se hagan realidad. Te recomiendo que utilices un cuaderno para realizar un seguimiento de tu progreso y anotar todos tus pensamientos a lo largo del día. Puedes usar un cuaderno de espiral normal o lo que tengas a mano.

2.   Proponte 2 afirmaciones positivas sobre todas las metas de vida que estás tratando de lograr. Estas declaraciones positivas deben escribirse de tal manera que quede claro qué objetivos pretendes alcanzar. Un buen ejemplo sería si quieres ganar mil dólares extra al año. Definitivamente influirá en tus elecciones y decisiones de una manera muy positiva.

3.   Colócalo en cualquier lugar de tu habitación donde estén escritas todas tus metas y afirmaciones positivas. Al hacer esto, siempre recordarás estos objetivos. Siempre debes enfocarte en todos tus sueños y en lo que quieres en la vida. Esto te ayudará a mantenerte encaminado todos los días.

4.   Lee tus afirmaciones cada vez que las necesites, sin saltear ningún día. Al hacerlo, estarás más motivado para hacer realidad todas tus metas. A través de esto, podrás obtener más poder y una voluntad más fuerte para hacer realidad todos tus sueños. Además, recuerda que lo que tu mente puede concebir, tu cuerpo puede lograrlo.

5.   Repite todo el proceso cada vez que encuentres algo que quieras establecer como una nueva meta.

¿Quieres ser positivo todos los días? Las afirmaciones positivas pueden ayudar. Entonces, ¿por qué no probarlos ahora y vivir una vida feliz y maravillosa?

Ejemplos de afirmaciones positivas:

• Soy valioso/a tal y como soy, sin necesidad de compararme con nadie más.
• Tengo habilidades y talentos únicos que puedo usar para lograr mis metas.
• Soy capaz de aprender y crecer a partir de mis errores y experiencias.
• Soy amado/y valorado/a por las personas que me rodean.
• Merezco amor y respeto, tanto de los demás como de mí mismo/a.
• Puedo enfrentar cualquier desafío que se presente con determinación y perseverancia.
• Soy capaz de hacer una diferencia positiva en el mundo y contribuir al bienestar de otros.
• Soy suficiente y merecedor/a de todas las cosas buenas que la vida tiene para ofrecer.

•	Tengo el poder de cambiar mi vida y crear la realidad que deseo.
•	Soy una persona única y especial, y merezco vivir una vida feliz y satisfactoria.

Capítulo 3
Chakra, karma, mantra y aura

¿Qué son los chakras?

Las tradiciones hindúes y algunos sistemas de creencias llaman chakras a los puntos de energía que distribuyen la energía que se encuentra en una persona por todo el cuerpo. Chakra significa rueda en sánscrito. Hay 7 chakras principales que equilibran el flujo de energía en nuestro organismo. Los chakras deben estar abiertos para un funcionamiento saludable. Cuando hay un desequilibrio en cualquier chakra, el flujo de energía se interrumpe y se producen una serie de trastornos físicos, espirituales y mentales en las áreas representadas por el chakra obstruido. Para entender si los chakras están abiertos y el flujo de energía es saludable, es necesario conocer las áreas que representa cada chakra.

Los siete chakras y sus propiedades

• **Chakra Raíz**: El primer chakra y el más dinámico. Se encuentra en el cóccix y es de color rojo. Su símbolo es un loto de cuatro pétalos. Representa la base de la existencia, el sentido de seguridad, compromiso con la vida y pertenencia. Cuando está encendido, te sientes seguro en el mundo. Cuando este chakra está bloqueado, el sentimiento es de miedo. El desequilibrio aquí también está indicado por dificultades financieras e indigestión.

• **Chakra sacro**: este chakra naranja se encuentra a dos dedos de ancho por debajo del ombligo y está simbolizado por el loto de seis pétalos. Simboliza la alegría, la creatividad y la imaginación. La emoción que se siente cuando se atasca es la culpa y la psicología de la víctima. Cuando tu chakra sacro está funcionando correctamente, puedes expresar libremente tu creatividad. Este chakra puede bloquearse si tienes problemas de pareja y falta de libido. Los problemas con el tracto urinario, los riñones y los órganos reproductivos también indican un bloqueo.

• **Chakra del Plexo Solar**: Tres dedos arriba del ombligo. Su color es amarillo y su emblema es un loto de ocho pétalos. Inspirado en el sol, el amarillo simboliza coraje, fuerza, resistencia, respeto por uno mismo, empatía y voluntad. Cuando se bloquea puede provocar sentimientos de vergüenza, baja autoestima, estado de ánimo bajo y fatiga extrema. Se pueden observar problemas hepáticos, estomacales y pancreáticos como diabetes y úlceras.

• **Chakra del corazón**: Es de color verde y está ubicado en el centro de la cavidad torácica. Su símbolo es una flor de loto con 10-12 pétalos. Es una representación de paz, amor y confianza. Cuando funciona correctamente, te sientes tranquilo, en paz y amoroso. Si sientes resentimiento, ira o celos con regularidad, es posible que tengas un chakra del corazón bloqueado. Representa el tracto respiratorio y los pulmones.

• **Chakra de la garganta**: El chakra de la garganta, representado por el loto de dieciséis pétalos, se encuentra en el chakra de la garganta. Significa comunicación sana y honestidad. Si este chakra está abierto, tú puedes expresarte y comunicarte bien. No debes tener miedo de ser franco. El concepto opuesto que representa es la mentira. Si tienes problemas para expresarte con claridad, es posible que debas eliminar el bloqueo. Este chakra representa el dolor de cuerda vocal, tiroides y cuello.

• **Chakra de la frente**: El color de este Chakra es azul violeta y la flor es un loto de cien pétalos. Representa la sabiduría interior, la intuición, la clarividencia, la telepatía, la percepción y el enfoque. Las personas con su chakra sano pueden equilibrar el mundo material y el espiritual. Si sientes que no tienes idea de muchos eventos en tu vida y que cometes errores y muchas veces tomas malas decisiones, entonces puedes tener un bloqueo en tu chakra frontal. Cuando este chakra está bloqueado, pueden ocurrir problemas como dolores de cabeza, infecciones de los senos paranasales, pérdida de visión y audición.

• **Chakra de la Corona:** Ubicado en la parte superior de la cabeza, representado por un loto morado y de mil pétalos. Expresa la esencia, el poder divino, el verdadero propósito de la vida, la resistencia y la conciencia.

¿Cómo sabes si tus chakras están sobrecargados?

Cuando los puntos de energía de los chakras que equilibran la salud mental, espiritual y física no funcionan correctamente, puedes experimentar emociones negativas como el miedo, la inseguridad, el desarraigo, la ira, el resentimiento y la alienación del mundo. Puedes experimentar dolencias físicas como problemas digestivos, estomacales, tiroideos y nasales. Los síntomas de cada bloqueo de chakra, son diferentes para cada caso.

Si el chakra raíz está bloqueado, experimentarás inseguridad, falta de pertenencia, necesidad de aprobación externa, impaciencia y prejuicio. Una persona no puede disfrutar de la vida al máximo.

Un desequilibrio del chakra sacro se manifiesta como aversión al cuerpo, inseguridad, ansiedad, rigidez, apatía, problemas sexuales y desequilibrio hormonal.

Si tu chakra del plexo solar está bloqueado, evitarás hablar en público y te sentirás inútil. Hiciste planes, pero has tenido dificultades para llevarlos a cabo. Eres propenso a la depresión.

Si el chakra del corazón está cerrado, se dificulta la capacidad de ver la vida con flexibilidad, y se bloquean los sentimientos de empatía, amor y perdón; que son reemplazados por emociones como la crueldad y los celos.

Si tu chakra de la garganta no funciona correctamente, será difícil decir que no, trazar límites saludables y expresarte. Es posible que tengas dolor de cuello crónico.

Si tu ojo de la sabiduría, el chakra de la frente, está bloqueado, puedes experimentar problemas como pérdida de conciencia o confusión, insomnio, olvido y dificultad para concentrarte.

Se puede entender que el chakra de la corona está bloqueado por situaciones como la incapacidad para establecer relaciones profundas, la autorrealización, el sentirse desconectado de uno mismo, la autoalienación y la incredulidad.

Además de usar prácticas como el yoga, la meditación y el Reiki para abrir los chakras bloqueados, también puedes participar en la autoafirmación. Descubrirás que las frases positivas que te repites todos los días funcionarán con el tiempo y mantendrán la energía fluyendo a través de tus chakras de manera saludable.

Echemos un vistazo a algunos consejos cotidianos seguros y fáciles para equilibrar cada chakra:

● **Afirmación del chakra raíz**: "Soy suficiente. Estoy seguro. Disfruto la vida. Vivo en armonía con el mundo exterior". Pasa tiempo en la naturaleza para abrir tu chakra raíz y estar en pleno contacto con la tierra. Limpia tu casa con agua y vinagre y mantenla ordenada. Consumir proteínas de animales, vegetales y frutos rojos. Baila girando. Dormir con una bolsa de agua caliente.

● **Afirmación del Chakra Sacro**: "Me amo y me acepto tal como soy. No tengo que ser perfecto". Pasa tiempo en el agua para sanar un chakra sacro bloqueado. Toma una ducha larga. Únete a actividades de arte. Consumo de frutas y verduras, usa ropa color naranja.

● **Afirmación del chakra del plexo solar**: "Tengo confianza. Cuento con el apoyo de mis seres queridos y del universo. Me amo a mí mismo y el mundo que me rodea también me ama". Cuida de ti y de tu cuerpo para sanar tu chakra del plexo solar. Crea un espacio en tu hogar donde puedas estar a solas contigo mismo. Bebe té de manzanilla y usa ropa amarilla. Planifica, utiliza una agenda, sé consciente de tus responsabilidades. Consume una dieta rica en granos, fibra y salvado.

• **Afirmación del chakra del corazón**: "Abro mi corazón al amor incondicional y al perdón. Perdono a quienes me rompen el corazón y me despido de los recuerdos negativos con amor. Agradece lo que tienes cada día para desbloquear el chakra del corazón. Conéctate con animales y niños. Adopta una mascota. Abraza a tus seres queridos, haz contacto físico con ellos. Trata de concentrarte en lo positivo en lugar de lo negativo. Consume verduras de hojas verdes.

• **Afirmación del chakra de la garganta**: "Me expreso libremente. Dejo que mis sentimientos y pensamientos fluyan a través de mis palabras hacia el mundo exterior sin miedo". Una de las mejores maneras de curar un chakra de la garganta bloqueado es escribir. Manten un diario. Canta en voz alta. Aprende a decir no a las cosas que no quieres. Cuida tu salud bucal y dental. Usa ropa en tonos de azul. Bebe té de hierbas caliente.

• **Afirmación del chakra de la frente**: "Soy consciente de todo. Lo que necesito ver, lo veo y lo siento con mis ojos internos". Si tu chakra de la frente está bloqueado, haz yoga. Duerme más de lo habitual. Quema incienso como lavanda, jazmín, palo santo, laurel en tu hogar. Practica juegos mentales y de memoria. Come alimentos de color azul oscuro y morado como los arándanos.

● **Afirmación del chakra de la corona**: "Estoy conectado con el universo. Siento unidad e integridad y ellos me respaldan". La meditación es la forma más efectiva de despejar la congestión del chakra de la corona. Medita durante media hora todos los días. Es importante rezar o alabar tu divinidad, cantar un mantra en voz alta. Pasa al menos media hora contigo mismo y escucha tu voz interior. Escucha música clásica. Toma un paseo a pie o en bicicleta al aire libre. Obtén suficiente luz solar.

Un estilo de vida saludable se basa en la integridad del alma, el cuerpo y la mente. Al hacer ejercicios de equilibrio de chakras, tu alma, cuerpo y mente se comunican entre sí de manera saludable. Las técnicas de apertura de chakras, como la meditación, las afirmaciones y el yoga, ayudarán a que tu energía fluya correctamente. Pero primero, empieza por evaluarte a ti mismo. Ámate a ti mismo y bendice tu presencia en este mundo.

¿Qué es el Karma?

El Karma se refiere a nuestras disposiciones psicológicas basadas en prácticas conductuales pasadas que hacen que nos comportemos de cierta manera en el presente y que hablemos y pensemos de la manera a la que estamos acostumbrados. Nuestros hábitos crean vías neuronales en nuestro cerebro que, cuando se activan en las circunstancias adecuadas, nos hacen repetir nuestros patrones habituales de comportamiento. En resumen, se despierta en nosotros el deseo de hacer algún trabajo, y luego nos vemos obligados a concretarlo. El karma a menudo se confunde con el destino. Cuando una persona se lastima o sufre una gran pérdida, la gente puede decir: "Es mala suerte", "Es la voluntad de Dios, es algo que está más allá de nuestro entendimiento o control". Desde un punto de vista budista, no es karma en absoluto. Karma se refiere a los deseos ocultos de gritarle a alguien que nos ha hecho enojar, o de esperar pacientemente hasta que nos calmemos y pensemos en cómo solucionar el problema. Por karma también nos referimos a aquellos impulsos por los que habitualmente bajamos las escaleras de tal forma que nos torcemos los pies o habitualmente bajamos las escaleras con cautela.

Fumar es un buen ejemplo de entender el karma, porque cada vez que fumamos un cigarrillo, puede haber otro después del primero. Cuanto más fumamos, más fuerte es el impulso de fumar, por lo que nos vemos forzados a un impulso kármico de fumar. Karma explica de dónde viene el deseo de fumar, es decir, de nuestros viejos hábitos. Fumar no solo hace que quieras repetir este movimiento, sino que también afecta la fisiología interna del cuerpo, como la probabilidad de contraer cáncer por fumar. Tanto la reencarnación como el cáncer existen aquí como resultado de nuestras compulsiones pasadas llamadas "maduración kármica", y aquí vemos la conexión de lo vivimos y aprendimos de niños.

Cambia tus hábitos

El concepto de karma es importante porque explica el origen de nuestras emociones y sentimientos y por qué a veces estamos felices y otras veces tristes. Todo es el resultado de nuestras propias prácticas de comportamiento. Entonces, todo lo que hacemos y todo lo que nos sucede no está predeterminado. No existe tal cosa como la suerte o el destino.

"Karma es un término usado para denotar una fuerza activa que tiene la capacidad de controlar eventos futuros". - Dalái Lama

Aunque a menudo sentimos que somos esclavos de nuestros hábitos (después de todo, nuestro comportamiento habitual depende de la práctica tántrica comprobada), el budismo reconoce que estos hábitos se pueden superar. Tenemos la capacidad de cambiar estas vías neuronales durante nuestra vida y continuar desarrollando otras nuevas.

Cuando tenemos el deseo de hacer algo, tenemos espacio antes de que el deseo de actuar nos obligue a cumplir ese deseo. No respondemos de inmediato a los impulsos que surgen en nosotros, ¡después de todo hemos aprendido a ir al baño! Asimismo, cuando tenemos que decir algo hiriente, tenemos una opción: "¿Debo decirlo o no?" Expresar nuestra ira gritándole a alguien puede brindarnos un alivio temporal, pero gritarle a otra persona refleja un estado mental triste. Todos sabemos que resolver disputas a través del diálogo es un estado mental más aceptable. Esta capacidad de distinguir entre comportamiento positivo y destructivo es lo que separa a los humanos de los animales. Es una de nuestras grandes fortalezas como humanos. Pero a pesar de esto, no siempre es fácil evitar el comportamiento destructivo. Es más fácil cuando tenemos espacio para ser conscientes de las sensaciones que surgen en nuestra mente, razón por la cual se fomenta la atención plena en la práctica budista.

Cuando nos calmamos, somos más conscientes de qué decir o hacer. Empezamos a darnos cuenta: "Quiero decir algo que podría lastimar a alguien. Si digo eso, me meteré en problemas. Así que no diré eso". Así es como podemos decidir. Cuando no sabemos, en nuestra cabeza surgen pensamientos y sentimientos, así que cualquier idea que se nos ocurra, la vivimos a la fuerza, así que tenemos que convivir con todo tipo de problemas.

Conocer el futuro

Podemos predecir experiencias futuras que nos sucederán sobre la base de nuestro comportamiento kármico pasado y presente. Al final, las consecuencias de las acciones positivas son agradables, mientras que las consecuencias de las acciones destructivas son malas.

No necesitamos seguir el principio del karma o de causa y efecto para sentir el dolor que resulta cuando damos un pisotón; el dolor se siente instintivamente. Si cambiamos nuestros hábitos y desarrollamos hábitos beneficiosos, cualquiera que sea nuestra creencia, el resultado será positivo.

¿Qué es un mantra?

La palabra "mantra" proviene de la fusión de dos palabras sánscritas: "manas", que se traduce como "pensamiento" y "trai", que significa "salvar, proteger". Por lo general, un mantra es una sílaba, una combinación de palabras o un poema corto. Esta es una poderosa fórmula de energía que lleva una potente carga de energía.

Hay muchas formas mágicas diferentes. Suelen dividirse en tres grupos:

A.   Hombre (Solar)
B.   Mujer (mensual)
C.   Neutral

Determinar a qué grupo pertenece el mantra es bastante simple. Los mantras masculinos tienen la terminación "mente" o "Phat", femenino - "tham" o "casamentera", mantras neutrales - "namah", "pamakh".

Los mantras influyen fuertemente en una persona en todos los aspectos. Por ejemplo, en términos materiales, cantar mantras ayuda a mejorar la concentración, alivia perfectamente el estrés y cualquier acumulación de tensión. Los mantras afectan todos los sistemas del cuerpo.

Mantras

Ciertos sonidos provocan vibraciones positivas en varios órganos:

●　　**Influencia del sonido en los órganos**

Y - la cabeza.
O - la parte media del cuerpo.
C - glándulas, cerebro.
Su - la parte inferior de los pulmones.
O - diafragma.
Y - la cabeza.
U- laringe.
M - luz.

La frecuencia de oscilaciones de diferentes sonidos provoca resonancia en determinados órganos humanos, afectándolos de forma curativa. Como resultado de investigaciones se ha demostrado:

a)　　Los sonidos "H", "B", "E" ayudan a mejorar la función cerebral.
b)　　Sonidos "PA", "AI", ayudan a eliminar el dolor de corazón.
c)　　El sonido "yo" cura los resfriados.
d)　　El sonido "B" elimina los dolores de cabeza y mejora la circulación sanguínea en la cabeza.
e)　　El sonido de "Ohm" ayuda a normalizar la presión arterial.
f)　　Influencia del sonido en los órganos.

Además, existen mantras que ayudan a lograr la prosperidad, atraer dinero, entablar relaciones con las personas. En pocas palabras, los mantras nos armonizan y con nosotros todo lo que nos rodea.

Espiritualmente, cantar mantras ayuda a limpiar nuestro cuerpo energético. Además, los mantras ayudan a incrementar el nivel de nuestras propias vibraciones. Los cambios comenzarán a ocurrir después de la primera lectura, incluso si no son tan notables. Se cree que, si una persona lee los mantras 108 veces en 21 días, automáticamente se conecta al canal de abundancia del universo.

Se recomienda trabajar en un período determinado con uno o dos mantras. Elije mantras que te ayuden a lidiar con tu problema urgente. Trabaja con ellos por un tiempo, cuando veas o sientas el resultado, puedes pasar a otro.

¿Cómo funciona el mantra?

En situaciones críticas, cuando las emociones o el estrés físico son demasiado grandes, una persona necesita relajación; de lo contrario, la mente y el cuerpo simplemente no pueden soportar la sobrecarga. La mayoría de las personas del mundo moderno no sabe qué es la relajación mental. El tiempo que se pasa en las redes sociales o con un vaso de alcohol no ayuda a relajarse ni a encontrar el equilibrio emocional.

El mantra ayuda a una persona a calmarse, dejar ir los pensamientos innecesarios, transformar el estado interior.

La acción del mantra se puede comparar con el sonido de la música instrumental, que es el vínculo entre la mente y el alma.

El mantra funciona como un diapasón: bajo la acción de este sonido de referencia hay una vibración, que tiene como objetivo sanar el alma y el cuerpo, logrando la armonía con el mundo. La acción del mantra es la adquisición del equilibrio mental.

¿Cómo recitar el mantra?

No se requieren condiciones especiales para leer el mantra, solo necesitas estar solo, tomar una posición cómoda y repetir el mantra un cierto número de veces, tratando de cantar un sonido o encontrar un cierto ritmo. En este estado, el cerebro se concentra involuntariamente en el sonido en sí, dejando todos los miedos y pensamientos negativos en un segundo plano.

Los mantras se pueden recitar en silencio o con una música tranquila y agradable, puedes utilizar los sonidos de la naturaleza. Cada sonido del mantra tiene un significado enorme, por lo que es necesario decirlo con mucha precisión. Es mejor memorizar las palabras y pronunciarlas con los ojos cerrados, tratando de no enfocarse en la pronunciación, sino solo en el sonido en sí.

Considera que los mantras están escritos en sánscrito, por lo que, al usar un vocabulario distinto al tuyo, puedes leerlos hasta que los sepas de memoria.

Es muy importante utilizar un mantra que sea adecuado para ti: carácter, estado de ánimo, aspiración. Si por el momento no persigues un objetivo específico, puedes elegir un mantra universal.

Las combinaciones de sonidos del mantra son un llamado a la energía cósmica. El sonido pronunciado es un cierto código que el practicante entiende mientras recitas el mantra. Se cree que el número de repeticiones debe ser un múltiplo de 3: cuantas más, mejor.

Puedes comenzar con una pequeña cantidad de repeticiones: 9, 18, tratando de aumentar gradualmente el número a 108 o más. Puedes usar rosarios para que no te distraigas recitando el mantra.

Leyendo el mantra

Durante la recitación del mantra, el practicante se sumerge en un estado especial: liberación de pensamientos, sentimientos y ansiedades innecesarias.

La repetición repetida de combinaciones de sonidos ayuda a sintonizar una determinada onda de energía y convertirla en energía de conciencia pura y positiva.

Los pensamientos del practicante encuentran un foco en la acción, el cuerpo físico recibe una carga de vitalidad.

El sonido que nace al recitar el mantra es absorbido por los órganos internos y ayuda a "ajustar" tu trabajo, además de calmar el sistema nervioso.

¿Cuál es la diferencia entre oración y mantra?

La oración y el mantra son un llamado a la Deidad. Pero un mantra no puede llamarse solicitud para cumplir un determinado deseo.

Mantra es la purificación de la mente y del alma humana al proclamar el nombre de Dios, mientras que la oración es comunión con Dios.

El nombre de Dios suena diferente en cada religión. Los cristianos lo llaman Jesucristo, Jehová, en la tradición musulmana hay 99 nombres de Alá, en la literatura védica: Rama, Krishna.

"Om" es un sonido trascendente que denota el nombre de Dios. OM es el sonido principal del universo.

Potentes mantras para todos los días

El mantra más simple y fuerte es OM (A-u-m). Se pronuncia para establecer una conexión, unión con el Creador.

A - denota la persona de Dios
En - la energía divina interior
M - todos vivos.

Este sonido tiene como objetivo crear una vibración de unidad de todo el universo, ayuda a abrir los canales internos de energía, limpiar la mente, relajar el cuerpo.

El mantra Giyatri es una fuerza poderosa y milagrosa destinada a deshacerse de los problemas, ansiedades, enfermedades, adquirir bienes materiales y satisfacer deseos. Ayuda a limpiar el karma, recarga el cuerpo con vigor, repone la fuerza mental y ayuda a comprender la sabiduría del universo.

Deben decirse las siguientes palabras:

OHM
BHUR BHUVAH SUVA-HA
TAT SAVITUR VARI-UNYAM
BHARGO-PRO DEVASYA JIMAHI
DHIO-YO NAHF PRACHA-DAYAT

El Maha-mantra es muy fuerte; a través de él, una persona se vuelve hacia la energía del Creador. Ayuda a purificar la mente, aclara los pensamientos, sana el cuerpo y el alma.

Palabras de mantra:

Hare Krishna Hare Krishna
Krishna Krishna Hare Hare
LIEBRE RAMA LIEBRE RAMA
LIEBRE RAMA RAMA LIEBRE

OM NAMAH SHIVAYA es una instalación sólida que tiene como objetivo la transformación interior de una persona a través de flujos de energía. Este mantra se puede recitar todos los días o antes de cualquier evento importante. Los sonidos del mantra se basan en el sonido de todas las cosas, concluido en el nombre de Dios y los 5 elementos primarios:

En la tierra:
MA - agua
AI es fuego
VA - aire
Yo soy el éter

OM MANI PADME HUM es un mantra universal que tiene un efecto limpiador. Alivia los malos pensamientos, fortalece y ayuda a recuperar la tranquilidad.

OM GAM GANAPATAYE NAMAH A - el mantra de Dios Ganesha, ayuda a adquirir prosperidad material, lograr el éxito y la prosperidad en los negocios.

OM SHANTI SHANTI SHANTI es un mantra destinado a atraer energía luminosa positiva de alegría. Ayuda a protegerse de las fuerzas negativas, le da paz y equilibrio mental.

OM SRI MAHALAKSHMIYA NAMAH es un poderoso mantra utilizado para el éxito, la iluminación espiritual y los beneficios materiales.

OM MAHADEVAYA NAMAH es un mantra milagroso destinado a buscar la unión con el Creador. La lectura ayuda a protegerse contra la energía negativa en su camino y a convocar a los ángeles de la guarda.

Leer el mantra no debería ser divertido. Necesitas estar sintonizado internamente para aceptar el flujo de energía; esta es la única forma de lograr la iluminación espiritual y el cambio en la vida material. No puedes usar mantras solo como un hechizo mágico que te salvará del fracaso. Es necesario desarrollar el nivel de conciencia: leer literatura espiritual, estudiar diversas prácticas de autoconocimiento para aceptar el mundo y a uno mismo.

¿Qué es el aura?

La palabra aura proviene de la palabra griega "aer" que significa "brisa". Se define como la energía luminosa o campo electromagnético que envuelve a todos los seres vivos.

El aura es la unión de los cuerpos etérico, emocional y físico y es un mensaje para nuestra alma. Está relacionado con los chakras. El aura de cada persona también tiene su propio color. El color del aura dice algo sobre la personalidad y felicidad de su dueño.

Por lo general, se extiende de 30 centímetros a 1 metro en todas las direcciones del cuerpo y envuelve a la persona en un "manto de luz" de varias capas. Aunque algunas personas nacen con el don de ver auras o pueden hacerlo a través de años de trabajo espiritual, para la mayoría de nosotros es invisible a simple vista. Por lo tanto, debemos usar algún medio para aprender el color de nuestro campo áurico y acceder a información que refleje la naturaleza de nuestra alma.

Cómo entender el color del aura.

• **Método espejo**

La primera forma de averiguar el color del aura es el método del espejo. Todo lo que necesitas es un espejo y tranquilidad para pasar por el proceso. Siéntate cómodamente en el suelo o en una silla donde te encuentres más cómodo. Debe haber un espejo grande a unos 1,5 metros frente a ti. Cierra los ojos por un momento y respira lentamente. Es importante calmarse y permitir que tu mente se tranquilice. Es difícil ver al aura si estás pensando en otras cosas. Así que concéntrate en tu respiración durante unos minutos. Cuando te sientas tranquilo y relajado, abre lentamente los ojos, mírate en el espejo y respira lenta y tranquilamente. Cuando estés completamente relajado, encontrarás que tu entorno es radiante. ¡Es tu aura!

Es posible que este procedimiento no produzca los resultados esperados la primera vez. Relájate, puede pasar. Repite al día siguiente o según sea necesario. Ver un aura requiere alcanzar diferentes niveles de conciencia, lo que puede no ser fácil de lograr en el primer intento.

Meditar regularmente lo hará mucho más fácil. Si, a pesar de tus mejores esfuerzos, todavía no puede ver el aura, no te preocupes. Hay otra manera de hacer las cosas más fáciles: la numerología.

- **Numerología**

Si deseas conocer de inmediato el color de tu aura y comprender cómo afecta tu personalidad, puedes utilizar el método de la numerología. Este enfoque te brinda acceso rápido a información importante sobre tu vida y personalidad. Esto se debe a que el nombre con el que nacemos tiene un gran impacto en cómo crecemos y nos formamos. La desventaja de este enfoque es que, sin ver nuestra aura, no podemos saber si está "sucia". Además del color original de nuestra aura, algunas personas tienen un aura pastel en algún momento de sus vidas, como gris, marrón u otros colores pasteles. Esto indica que hay algo de dolor en esa alma, un dolor que necesita ser curado.

Entonces, ¿cómo entender el aura usando la numerología? Es muy fácil calcular tu número de aura. Todo lo que tienes que hacer es marcar cada letra de tu nombre en la siguiente tabla y anotar el número correspondiente a cada letra

1	2	3	4	5	6	7	8	9
A	B	C	D	E	F	G	H	I
J	K	L	M	N	O	P	Q	R
S	T	U	V	W	X	Y	Z	

Escribe cada número en una hoja de papel y luego súmela tantas veces como necesites para obtener un número de un dígito. Y este será el número de tu aura.

Para mayor claridad, veamos el siguiente ejemplo:

Digamos que tu nombre es Anna. En este caso, tus números son 1 - 5 - 5 - 1. Como suman 12, debemos sumar el número 1 2 = 3 nuevamente

Tu número es 3. Si sucede que el resultado de la segunda suma también es un número de dos dígitos, se debe repetir el proceso de suma.

Estos números corresponden a los siguientes colores del aura:

Rojo: 1
Naranja: 2
Amarillo: 3
Verde: 4
Azul: 5
Violeta: 6
Rosa: 7
Plata: 8
Oro: 9

El significado del color del aura.

Ahora que conoces el color de tu aura, puedes saber qué significa en tu vida y qué energía irradia.

Rojo
Personalidad fuerte y dominante. La apariencia de este color es atractiva; lo usan valientes pioneros que no temen correr riesgos. Son personas dinámicas y convincentes, encantadoras y apasionadas, con un coraje extraordinario.

El rojo tiene un solo polo y está orientado verticalmente hacia la Tierra, tiene la capacidad de adaptarse al mundo. Su función principal se centra en el cuerpo material y el instinto de supervivencia.

Tiene un sentido de armonía física y mental, está en buena relación con la naturaleza. Está estrechamente relacionado con la vitalidad sexual y tiene la necesidad de cubrir necesidades básicas como alimentos, agua y oxígeno. Es un chakra que tiende a absorber la energía del planeta.

Naranja
El aura de este color se caracteriza por una personalidad equilibrada, armonía mental y coordinación física. Lo poseen las personas leales, alegres y activas. Suelen aceptar el reto de vivir el presente.

Es bipolar, lo que significa que está orientado horizontalmente. Este color está asociado con el deseo, el placer físico y las alegrías de la vida y es el chakra de la inspiración espiritual. Su dolor está relacionado con conflictos relacionados con la vida íntima, traiciones y pleitos.

Amarillo
Son personas encantadoras, alegres, atractivas, seguras de sí mismas y muy creativas. El color amarillo desarrolla la intuición y la inteligencia. Esta aura infunde voluntad, carisma y eficacia personal que corresponden al poder y al control.

Es como el chakra del plexo solar. Es a través de este chakra que controlamos nuestras emociones y el deseo de autoafirmación, al mismo tiempo que estamos conectados con el poder y la toma de decisiones, así como con una sensación de seguridad y autoestima.

Su energía facilita la asimilación de experiencias y revela tu propósito de usar tu energía personal de una manera más positiva.

Verde

Es el color del equilibrio mental, impregnado de autoconocimiento y emociones. Estas personas tienen una lógica clara y les resulta difícil aceptar los consejos de los demás.

Por otro lado, son muy leales y apegados a sus amigos. El verde, que simboliza la fertilidad y la salud, también simboliza una personalidad saludable, enérgica, amorosa y compasiva.

Debido al chakra del corazón asignado a este color, disfrutamos del amor que se nos brinda, aceptamos a los demás tal como son y les damos amor sin esperar nada a cambio. Sin embargo, esta aplicación se cerrará si surge algún conflicto en la familia debido al abandono o pérdida de un ser querido.

Azul

Son optimistas, idealistas, resistentes, tranquilos, amables, responsables, pacientes y se preocupan por las cosas que aman. El azul crea sentimientos de maternidad.

Orientación bipolar y horizontal. Es el chakra que expresa la sabiduría, la capacidad de comunicarse, escuchar y hablar con claridad y honestidad. También

es responsable de la comunicación con el mundo
etérico o inmaterial. Un desequilibrio de este chakra
puede manifestarse como una falta de comunicación o
una incapacidad para expresar claramente los propios
pensamientos y sentimientos a los demás, lo que
puede provocar estrés e introversión.

Violeta

El nombre correspondiente a violeta suele ser
adecuado para un carácter tranquilo y reflexivo, sabio
y cariñoso, generoso, sentimental y lleno de
temperamento artístico. Creador de obras de arte
duraderas.

Va directamente hacia arriba y apunta a Dios. Los
chakras controlan la corteza cerebral y determinan la
apertura de la conciencia y el desarrollo de la
inteligencia. Su función principal es indicar un
conocimiento avanzado, un estado que desafía todas
las posibilidades descriptivas racionales, pero que solo
puede entenderse y asimilarse a través de la
experiencia directa.

Rosa

Los antiguos filósofos consideraban que el rosa era un
color místico porque no se parece a ningún otro color
y, por lo tanto, no se puede explicar ni comprender. El
aura rosa es tranquila, elegante y modesta. Este color
rara vez se encuentra en el aura de personas
dogmáticas o agresivas. Por lo general, se les ocurre a
aquellos que aprecian una vida tranquila en un
entorno hermoso y artístico. Las personas con un aura
rosa muestran una gran y duradera lealtad.

Plata

La plata estimula los procesos de color en su entorno. Este color casi siempre se percibe en energías codiciosas que nos dan la energía que necesitamos para seguir adelante. El espíritu de la plata simboliza un carácter estable, móvil pero voluble. Se encuentra en personas versátiles, activas y que aprecian los deportes, los idiomas, los viajes y mucho más. Pero también los que suelen ser superficiales, los que no son expertos en ningún campo.

Si el color dominante es el plateado, espere debilidad, inestabilidad y cambios de humor. La plata es un color reflectante metálico con propiedades protectoras.

Oro

Cuando hablamos del color dorado, no nos referimos al tono áspero, sino al color metálico reflectante que es característico del metal dorado. Este hermoso color tiene un brillo especial cuando aparece en el aura.

Este color existe en la canalización de la energía. Su poderosa y radiante esencia protege y purifica mientras sus altas vibraciones purifican. Las propiedades purificadoras del oro se pueden utilizar en visualizaciones para limpiar los chakras y el aura.

Aura con colores "sucios": negro, gris, marrón

Estos colores no aparecerán en la numerología porque nadie tiene este tipo de luminosidad innata. Pero si has podido ver tu aura (o alguien te ha dicho que puede verla) y has notado estos colores, significa que algo en ti necesita ser sanado. Si estos colores son manchas en tu aura, encuentra tus colores naturales y trata de

concentrarte en estos conceptos para mejorar tu aura
y mantenerte feliz.

Capítulo 4
Curar nuestro niño interior

Tu forma de ser hoy es el resultado de tus problemas, fortalezas, hábitos y nivel de autoestima. En cada etapa de la vida, desde el nacimiento hasta la infancia, la niñez e incluso la adolescencia, te enfrentas a diferentes desafíos. Si tuviste rodeado de personas que te han criado de forma natural y saludable, serás una persona fuerte y equilibrada. Sin embargo, si tus experiencias juveniles estuvieron llenas de traumas y problemas, esos eventos pasados influirán en gran medida en quién eres hoy. Para comprender este tema, es necesario entender el concepto del niño interior.

El niño interior es tu lado amable, alegre, emotivo, sentimental, juguetón y apasionante. Cambia dependiendo de tu estado de ánimo y nivel de energía. A veces te sientes indiferente según el estado actual de tu vida exterior. Al igual que tu niño exterior, tu niño interior suele ser feliz, animado y aventurero. El niño interior también se conoce como el tercio inferior del amplio patrón de la psique humana llamado los "tres yoes" (Super Yo, Yo, y el Ello). Los psicólogos dicen que el niño interior es el lado inmaduro de las personas (Ello). Incluye todo lo que aprendiste y experimentaste de niño antes de la pubertad. Este niño interior representa la naturaleza semi-independiente de tu conciencia.

Una forma de entender cómo nos afecta la infancia en nuestro presente es aprender la verdad sobre nuestra madurez personal. De niños estábamos llenos de imaginación, jugábamos y practicábamos sin consecuencias lo que en el futuro haríamos de adultos.

Claro está, que al crecer la imaginación y la fantasía disminuyen, ya que no podemos responder a los hechos reales con ellas, sino con posturas concretas. Sin embargo, la fantasía no desaparece, sino que se convierte en creatividad, es decir, la capacidad de encontrar diferentes respuestas a un mismo problema. Entonces, si de niños tuvimos una infancia productiva con muchos juegos, leímos muchos libros, y nuestros padres nos contaron grandes historias y nutrieron nuestra imaginación, seguramente será más fácil encontrar respuestas ya de adultos, porque la creatividad en nosotros hará que nuestro cerebro sea flexible y encuentre múltiples respuestas.

Consejos para descubrir a tu niño interior

Aprender a descubrir y recuperar tu niño interior puede llevarte a una vida feliz y equilibrada. Utiliza lo siguiente como guía.

• **Deja de restringir tu comportamiento**: siempre considera liberar (adecuadamente) cualquier impulso como cuando eras niño. En lugar de ignorarlo, trata de escuchar las voces que te dicen que pruebes cosas nuevas. Puedes comenzar con cambiar tu rutina semanal por otra diferente.

• **Usa tu imaginación**: Permítete siempre ser imaginativo en tus acciones y pensamientos. También debes encontrar actividades creativas que estimulen tu imaginación.

• **Tómate un momento para reír**: Todo el mundo tiene problemas en la vida. Pero eso no significa que no tengas una razón para sonreír.

• **Encuentra actividades para hacer tu vida más interesante y emocionante.** Dependiendo de tu elección, puedes jugar con tus hijos, escuchar tu música favorita o ver una película divertida.

• **Accede a tu mundo con tus sentidos**: recuerda cómo el mundo era más grande y brillante cuando eras niño. Esto significa que debes pasar un tiempo apreciando los olores y colores de las cosas que te rodean. También te encantará la comida, los diferentes ambientes y más.

Con estos simples pasos, puedes comenzar a descubrir niños internos. Si notas que su niño interior está dañado debido a una experiencia previa, tómate un tiempo para curarlo.

Cómo sanar al niño interior

En cada uno de nosotros vive un pequeño Yo. Para algunos, la niña o el niño interior es alegre y despreocupado, feliz y confiado. Pero a menudo el niño interior se lesiona y tiende a esconderse en lo más profundo. A pesar de que estamos creciendo, el dolor de nuestro niño interior nos impide vivir una vida plena. A veces nos damos cuenta de los traumas físicos, emocionales o sexuales que hemos experimentado en la niñez. Sentimos cómo nos afectan las experiencias tempranas, pero no siempre sabemos cómo podemos ayudarnos a nosotros mismos. A veces no sabemos ni admitimos que fuimos lastimados cuando éramos pequeños, pero podemos sentir una inexplicable y constante tristeza y soledad, confianza en nosotros mismos, miedo y deseo de agradar, etc. Es posible que esas experiencias y sentimientos sean transmitidos por un niño interior herido que ni siquiera conocemos.

La curación del "niño interior" es el camino hacia su verdadera esencia. Aun así, ese camino es largo y doloroso, evoca sentimientos de resistencia y el deseo de retirarse. Pero solo potenciando su amor y calidez puede ayudar a sanar a tu niño interior. Se recomienda tener un terapeuta / tutor / consejero personal, etc., cuando trates a tu niño interior lesionado. El trabajo en grupo también es adecuado para esto. Los grupos dedicados a esta tarea se basan en métodos y técnicas probadas en la práctica.

Aquí hay algunos síntomas de su niño interior herido:

• A menudo te percibes triste, solo, sin ningún motivo.
• No te sientes lo suficientemente amado, incluso si alguien te muestra una atención sincera.
• Estás confundido, no te sientes bien cumpliendo el rol de mamá / papá. Por un lado, quieres amar a tu hijo, pero tienes poca paciencia con él.

•   Visitas recurrentes de sueños de la niñez que provocan sensación de ansiedad o miedo.

•   Tienes dificultad para construir y mantener relaciones amistosas o evitas la intimidad.

•   Has crecido en un entorno autoritario, y las relaciones con tus padres fueron muy tensas; haciendo que en el presente repitas este tipo de relaciones con los otros.

•   Creciste con padres que tenían adicciones.

•   Has sufrido abuso físico, emocional o sexual cuando eras niño.

•   Has tenido otras experiencias traumáticas de la niñez o el presentimiento de que la causa de tus contratiempos actuales puede estar en tu niñez.

El objetivo de este tipo de terapia es conocer a tu niño interior, ayudarte a salir del escondite del subconsciente, aumentar tu fuerza, sanar tus heridas internas y volverte más armonioso. Ten en cuenta que el trauma emocional que experimentaste cuando eras niño puede manifestarse de manera negativa con el tiempo. Con el paso de los años, te convertirás en un adulto emocionalmente sensible y disfuncional. Así que los buenos viejos tiempos deben ser traídos de vuelta. De lo contrario, nunca encontrarás la verdadera felicidad y realización. Sin embargo, no es tan fácil y rápido tratar con el niño interior.

A continuación, se detallan los diversos pasos que puedes seguir para recuperarlo y curarlo:

Paso 1: Gánate la confianza de tu niño interior: para sanarlo, debes desarrollar la confianza. Significa que tu niño interior necesita confiar en ti. Tu niño interior debe entender que estás ahí para protegerlo y nutrirlo.

Paso 2: Soporta tu dolor: como harías con un niño asustado, ayuda a tu niño interior a luchar y seguir adelante. Intenta comprender el dolor de tu niño interior y aprende a aceptarlo. Al aceptar su dolor, has dado un paso gigantesco hacia una gran sanación.

Paso 3. Deja ir tu enojo: Si bien es natural estar enojado, eso no significa que tengas que estar de mal humor todo el tiempo. A través del perdón, tienes la oportunidad de sanar a tu niño interior. El perdón requiere amor y cuidado por los demás.

Paso 4. Lidiar con la soledad también es una forma de lidiar con tu hijo desconsolado. Asegúrate de que el pequeño dentro de ti se sienta aceptado y reconozca tu verdadero yo. Debes ayudarlo a deshacerse de la culpa y la vergüenza de sus acciones.

Con estos sencillos consejos para sanar a tu niño interior, tienes la oportunidad de abrazar una nueva vida emocionante. Para lograrlo, la mayoría de los expertos recomiendan la terapia expresiva. Esto incluye juegos, escritura, música y uso de medios que no emiten juicios. A través de este proceso, puedes liberar y deshacerte fácilmente de los pensamientos negativos. También puedes expresar tus deseos y permitir que la abundancia espiritual se manifieste en tu vida. Además, a través de las afirmaciones positivas y la terapia del niño interior, puedes bloquear y cambiar las creencias internas con las que creciste.

También puede utilizar las técnicas de un terapeuta en Gestalt. Siéntate en un lugar con una silla frente a ti que contenga una almohada. Esta almohada simboliza tu infancia. Habla con ella como si dialogaras con tu Yo de la infancia. Pregúntale cómo se siente y anímalo a hablar sobre sus miedos y si recuerda un momento difícil en su vida. Luego cambia de lugar. Siéntate en la silla y coloca el cojín en donde antes estabas sentado. Ahora responde las preguntas como un niño al adulto que tienes delante. Estás solo con la almohada, así que no te mientas.

La idea de esta terapia es poder resaltar cualquier signo que pueda ser la causa de la lesión actual. La verbalización encubierta es el camino a la curación.

A medida que sana tu niño interior, tienes la oportunidad de mejorar tu libertad emocional espiritual. Tu profunda conexión espiritual afecta todas las demás áreas de tu vida. Comparado con antes, te sentirás más en paz contigo mismo. También sentirás más alegría y tendrás más energía. Además, comenzarás a alterar tus ideas sobre algunas cosas que antes estaban ocultas o vedadas.

Se dice que todo proviene de una sola fuente y esa es el Gran Espíritu Universal. Significa que todo está unificado para trabajar en armonía. Esto puede manifestar el Plan Divino. Por lo tanto, desarrollar tu espiritualidad hace que te vuelvas más consciente de todas tus conexiones.

¿Cómo profundizas tu conexión espiritual?

Planifica una rutina: Para profundizar tu conexión espiritual, crea un plan. También necesitas calmar tu mente dejando ir tus pensamientos. También debes escuchar los impulsos de los espíritus.

Mejora tus habilidades auditivas: para mejorar tus habilidades auditivas, no olvides escuchar los latidos de tu corazón. Solo presta atención a los sonidos que te rodean. Así que haz lo que tu corazón y tu mente te digan.

Abraza la energía del espíritu: cuando haces esto, abres el flujo y desarrollas una conciencia de tu voz interior. Ayuda a tomar decisiones en el momento y lugar adecuados. También puedes ayudarte a atraer a las personas adecuadas para sincronizar tu vida.

Para desarrollar tu libertad mental-emocional, necesitas hacer varios ejercicios de acuerdo al trabajo de tu niño interior. El primer ejercicio es un juego. Encuentra actividades que realmente disfrutes. Por ejemplo, si te gusta el senderismo u otras actividades, puedes empezar a realizarlas.

Luego, concéntrate en tus sentidos y siente la alegría de tu actividad preferida. En segundo lugar, debes lograr que te abracen para nutrir y amar a tu niño interior. Cuando tu pequeño interior sienta miedo o tristeza, tienes que encontrar formas de ayudarlo. A través de la oración hacia tu Divinidad puedes dejar de lado los miedos, la soledad y otros sentimientos no deseados.

Entender por qué estamos aquí

¿Por qué hay gente aquí? ¿Por qué la gente debería vivir? La mayoría de la gente ha hecho estas preguntas. Pero la mayoría de ellos no saben la respuesta exacta. Algunos expertos dicen que la vida en la Tierra es como un campo de entrenamiento.

¿Porque? Todo en la vida humana es un reflejo de la verdadera vida espiritual. La mayoría de las cosas que existen en este mundo están destinadas a ayudar a las personas a comprender la realidad espiritual. Por ejemplo, el sol emite luz para calentar a las personas y hacer crecer todo. Sin el sol no hay vida. Por lo tanto, el sol simboliza a Dios. Esto significa que el amor de Dios incluye a todos sin excepción. Pero es elección de cada uno si quieren encerrarse en la oscuridad espiritual.

La gente está aquí por varias razones. Dios creó a los humanos para mostrar el verdadero significado de la vida. En este mundo, las personas tienen la oportunidad de aprender todo tipo de cosas. Algunas de las razones por las que las personas están aquí son las siguientes:

- Conocer la esencia de la vida
- Realizar su potencial e ideales
- Buscar conocimiento y sabiduría
- Hacer cosas buenas y ser mejor
- Para lograr la perfección biológica
- Saber cómo ser feliz y más

Son varias las razones por las cuales las personas están aquí en este mundo. Para disfrutar de la vida en la tierra, es mejor hacer lo correcto. Tienes que hacer todo lo que quieras. También debes eliminar tus sentimientos negativos.

Aprender a confiar

Confianza significa que consideras que alguien será leal y honesto contigo. Para confiar en otra persona, se requiere una perspectiva genuina sobre él y una expectativa de fracaso. La confianza también debe combinarse con la voluntad de perdonar y se desarrolla mejor en un ambiente de amor y aceptación.

¿Sabes por qué la gente no confía en los demás? Algunos expertos creen que hay que ganarse la confianza. Una vez que se rompe, es difícil volver a confiar en una persona. A veces las personas no confían en que los demás las protejan. No quieren salir lastimados y no quieren esperar demasiado de los demás. En algunos casos, incluso si quieres confiar en alguien, hay algunas cosas que te detienen. Sientes que no tienes que confiar completamente en esta persona. Dependiendo de las circunstancias, algunas personas no pueden superar los corazones rotos. Lo creas o no, aún puedes volver a confiar. para ello, debes seguir algunos consejos:

• **Conoce la necesidad de volver a confiar**: La mayoría de las personas se engañan a sí mismas al creer que no necesitan confiar en alguien. Pero los humanos son criaturas sociales. Por lo tanto, nunca pueden vivir solas. Sin confianza, es difícil para ti tener una relación cercana. Esta es la razón por la que algunas personas tienen una vida aburrida y vacía.

• **Conceder confianza:** Digamos, por ejemplo, que, si tienes malas experiencias durante tu infancia, puedes pensar que la mayoría de las personas son iguales. Prefieres no confiar en nadie para evitar la misma situación. Esta percepción es extremadamente errónea. No todas las personas son iguales. Solo necesitas darles una segunda oportunidad para saber quiénes son realmente; o bien, aprender a seleccionar a aquellos a los cuales depositarás tu confianza. A veces muchos caen en lo que se llama "compulsión a la repetición", y sin darse cuenta terminan relacionándose, siempre, con personas perversas o manipuladoras; y luego se quejan diciendo "¿por qué siempre me tocan a mí?"

• **Nadie es perfecto**: Tienes que saber que ninguna persona satisface todas tus necesidades. Algunas personas siguen encontrando al chico/a ideal o perfecto/a. Ésta no debería ser tu percepción. Ya sea que confíes en tus amigos o familiares, debes aceptar el hecho de que no son perfectos. A veces pueden no cumplir con tus expectativas.

• **Busca personas que sean sinceras**: El mejor indicador de cómo podrían tratarte depende de cómo tratas tú a los otros.

• **No entregues tu confianza al instante**: Antes de confiar en alguien, hay que saber quiénes son. Necesitas comprender sus actitudes y actividades. Si brindas tu confianza sin conocer a la persona, es posible que te sientas decepcionado.

• **Confía primero en ti mismo**: Antes de confiar en alguien, empieza siempre por ti. El miedo a confiar en otra persona tiene que ver más con tu propio miedo a no poder manejar una traición u otras situaciones relacionadas.

Dado que confiar en uno mismo es muy fundamental, hay que realizar acciones sobre cómo desarrollarla. Según los expertos, seguir adelante con las decisiones, ser honesto, mantener los compromisos y los límites puede ayudar a mejorar la confianza en uno mismo.

Aprende a perdonarte a ti mismo y a los demás

Aprende a perdonar y olvidar: esta es una sugerencia común que escuchó de amigos y familiares. Pero es más fácil decirlo que lograrlo. La mayoría de las personas no perdonan al enemigo. Aunque es muy difícil perdonar a los demás, aún puedes hacerlo. ¿Cómo?:

Indulgencia

1. **Conoce la diferencia entre olvidar y perdonar**: olvidar significa que ya no recuerdas los eventos pasados de tu vida. Sin embargo, no significa que una vez que lo olvides, puedas perdonar fácilmente a las personas involucradas. A menudo lleva tiempo perdonarse a sí mismo y a los demás, especialmente

cuando las consecuencias de las acciones son totalmente destructivas.

2. Acepta la realidad: en lugar de tratar de olvidar, aprende a aceptar. Puedes hacer esto preguntándote por qué y cómo sucedió. Para perdonarte a ti mismo, debes asumir la responsabilidad de tus acciones. Para perdonar a los demás, escucha su versión antes de evaluarlo.

3.   Pide perdón: si cometes un error, debes pedir perdón. Solo haz las paces con aquellos a quienes has lastimado. Habla con ellos y explícales lo que has hecho antes de tomar cualquier acción. También debes explicar qué te impulsó a tomar estas medidas.

4. Aprende a perdonarte a ti mismo: cuando te perdonas a ti mismo, se vuelve más fácil aceptar la realidad. Otros estarán más dispuestos a perdonarte. Pero pedir perdón a los demás requiere intención y acción real. Debes pedir perdón porque es tu naturaleza, no porque alguien más te lo esté pidiendo.

5. Acepta tus imperfecciones: todos cometemos errores. Así que tienes que aceptar tus defectos. Una vez que cometas errores, no olvides pedir perdón. También es mejor dejar de pensar negativamente. Como te recomendé, utiliza tus errores como una forma de mejorar tu personalidad. Recuerda siempre, con pedir perdón no basta, debes subir al siguiente nivel y es preguntarle a persona perjudicada, qué puedes hacer para reparar el daño.

6. Busque ayuda profesional: si no puedes hacer frente a tu situación, debes buscar ayuda de otros profesionales. Pueden ayudarte a continuar el proceso de perdonarte a ti mismo. Dependiendo de tu preferencia, también puedes obtener libros que te enseñen cómo perdonarse a sí mismo y a los demás.

Con estas sencillas técnicas, puedes aprender fácilmente a perdonarte a ti mismo y a los demás. Solo tienes que concentrarte en lo que necesitas hacer y obtendrás lo que realmente quieres.

Beneficios de perdonarte a ti mismo y a los demás

El perdón es la capacidad de dejar ir todo tipo de errores en tu vida. Esto generalmente implica hacer las paces con amigos, familiares y otras personas. Quizás te estés preguntando por qué deberías perdonarte a ti mismo y a los demás. Para expandir tu pensamiento, aquí hay algunas razones:

• La intolerancia crea barreras psicológicas para tu éxito: Así que tienes que perdonar a los demás y verás el verdadero significado de la felicidad.
• Aprenderás a controlar tus emociones. Con el perdón, puedes comenzar fácilmente una nueva vida llena de amor y comprensión.
• Clave para la felicidad: perdonarse a sí mismo y a los demás es la clave para alcanzar la máxima felicidad y prosperidad. Así que definitivamente disfrutarás de la vida.

Como puedes ver, perdonarse a sí mismo y a los demás tiene muchos beneficios.

Herramientas para sanar a tu niño interior

Las herramientas o estrategias para sanar a tu niño interior traen paz, pasión y felicidad a tu vida personal. También te ayudan a desarrollar las habilidades que necesitas para redescubrir tu lado feliz y apasionado. Con estas herramientas, también tienes la capacidad de cambiar tu forma de pensar para crear una vida de abundancia y prosperidad.

¿Cuáles son las diferentes herramientas para sanar a tu niño interior?

• **Confianza**: para curar a tu hijo interior herido, debes estar dispuesto a nunca abandonarlo. Tu niño interior también necesita apoyo mientras examina su abandono, abuso y negligencia.

• **Afirmación**: si aún tiendes a racionalizar las formas en que has sido ignorado o humillado, reconoce que estas situaciones lastiman tu alma. Es difícil perdonar y seguir adelante sin una aceptación total.

• **Suelta los bloqueos:** puedes experimentar resistencia a lidiar con problemas del pasado. Después de explorar el choque interior viene la depresión. Entonces, si no avanzas, estás negando constantemente tus experiencias pasadas.

• **Ira**: la ira puede ayudar a sanar a tu niño interior. Sin embargo, debes practicarla con moderación. Mientras estés enojado, no necesitas gritar. Solo tienes que descargar tu enojo con las personas involucradas.

Entonces, cuando te liberes de la ira, te sentirás mejor que antes.

• **Soledad:** Para tratar a tu niño interior, debes aprender a llevarte bien con los demás. Necesitas salir de tu habitación y luchar contra la soledad. De esta manera, podrás superar fácilmente los sentimientos y actitudes negativas.

Otra mejor herramienta para sanar a tu niño interior es a través del trabajo de campo arquetípico. Digamos, por ejemplo, que puedes practicar el diálogo interno. También puede dirigir tu imaginación. Simplemente visualízate participando en actividades para adultos con alegría y fuerza.

Aparte de los consejos anteriores, puedes curar a tu niño interior a través de actividades simples. Digamos, por ejemplo, que todas las mañanas puedes establecer la intención de mostrar al menos un acto simple que traiga un momento de alegría o diversión a tu vida.

Para tratar al niño interior, también necesitas disfrutar de tu vida. Tienes que deshacerse de tus pensamientos negativos. Puedes disfrutar de tu existencia haciendo lo que realmente quieres. Digamos, por ejemplo, que puedes jugar con tus amigos, planificar ir a un concierto al aire libre y mucho más.

¿Por qué necesitas sanar a tu niño interior?

Hay varias razones por las que necesitas sanar a tu niño interior:

- Sentirse más amado y seguro.
- Tomar decisiones productivas en la vida
- Registrar eventos de vidas pasadas
- Sentirse feliz y alegre
- Crear un estilo de vida saludable y productivo
- Aprender a perdonar y olvidar

Diferencias por región

El niño interior se refiere a tu cuerpo emocional. Según Carl Jung (psiquiatra, psicólogo y ensayista suizo), a esta expresión también se le llama "niño divino". Algunos expertos lo llamaron "Verdadero Yo". Las personalidades humanas surgen como resultado de su código genético o características heredadas. Significa que a la infancia la dictan quienes le crían y suele provocar cicatrices que tardan varios años en cicatrizar.

El niño interior se queda contigo. Se dice que todas las personas tienen niños en el corazón. Son inocentes y siempre buscan el sentido de la vida.

¿Cómo cambia el niño interior?

• **Niño juguetón**: Es un niño naturalmente juguetón, espontáneo, creativo y feliz. La mayoría de los adultos olvidan cómo actuar sin preocupación ni culpa.

• **Niño mimado**: Esta es la parte de ti que siempre quiere conseguir lo que realmente quiere. Si lo ignoras, perderá los estribos. También sentirás tristeza y otras emociones encontradas.

• **Niño abandonado:** este niño se siente solo debido a la falta de cuidado y amor. No creen que sean dignos de cuidado y amor. Por el contrario, tampoco necesitan saber amar.

• **Niño Abandonado**: Por varias razones, el ego de este niño ha sido descuidado. Algunos se quedan en casa porque sus padres están ocupados con sus horarios. También experimentan ansiedad por ser dejados atrás por otros.

• **Niño temeroso**: este niño ha sido criticado cuando era niño. A menudo necesita afirmación positiva y aliento.

• **El hijo único**: el niño no sabe cómo estar cerca de nadie. Siempre está solo y se siente aislado. Prefiere confiar en sí mismo que en las personas que lo rodean. Su principal problema es la confianza y la honestidad.

• **Niño descuidado**: esta es la parte descuidada de ti. No creen en ellos mismos. También necesitan mucho cariño, amor y apoyo.

• **Niño Espíritu**: Esta es la parte de ti mismo que busca respuestas en los reinos superiores. Sanar al niño interior requiere equilibrio dentro de ti mismo y la capacidad de dar y recibir amor de los demás.

Al comprender estas variaciones del niño interior, comprenderás por qué los demás actúan de manera diferente. También aprenderás por qué otros no quieren confiar en sus amigos, quieren estar solos y más. La mayoría de los expertos confirman que el niño interior afecta la vida de todos y a las siguientes áreas:

Pensamientos, imágenes y percepciones del ser humano: el niño interior siempre interpreta su mundo presente. Dependiendo de su vida pasada, actuará con razón o no. Su niño interior también agrega puntos de vista a su perspectiva adulta, especialmente cuando se trata de amor, relaciones y autoestima.

Emociones humanas y otros tonos de energía: digamos, por ejemplo, que, si te lastimaron debido a las críticas excesivas de tus amigos o padres, tu niño interior todavía teme el mismo tipo de crítica. Durante tu edad adulta, este miedo puede revivir.

Acción humana: dependiendo de tu niño interior, puedes actuar de manera extraña o no. Tus acciones también pueden afectar tu éxito futuro. También depende de ti cómo superar el desafío o la situación de cada día.

Dado que el niño interior realmente afecta tu vida, debes curarlo de inmediato. Dependiendo de tu elección, puedes buscar ayuda de otros expertos o no. Si prefieres buscar ayuda de un psiquiatra, asegúrate de que esté familiarizado con tus antecedentes.

Después de sanar a tu niño interior, no tienes de qué preocuparte. Puedes empezar a vivir de forma eficaz y saludable. También sentirás que tus amigos y padres realmente te aman de la manera en que lo hacen.

A través de la curación de tu niño interior, también aprenderás a valorar los esfuerzos de otras personas. También empezarás a perdonar y olvidar. El poder del niño interior se refleja en lo que eres en este momento. Esta es la razón por la que tienes que curar a tu niño interior, especialmente cuando acarreas una mala experiencia pasada.

Como se ha observado, comprender el concepto de niño interior y sus manifestaciones en el adulto no es una tarea complicada. Con esta guía, tienes la oportunidad de mejorar tu vida. Entonces, ¡comienza a tratar a tu niño interior ahora!, y verás cómo cambia tu percepción y visión de la vida.

#######